윤희에게

메이킹북

연출 임대형

〈윤희에게〉 (2019)

〈메리 크리스마스 미스터 모〉 (2017)

스틸 서지형

<윤희에게> (2019)

<7년의 밤> (2018)

<우상> (2018)

<차이나타운> (2015)

<마더> (2009)

그 외 다수

스토리보드 박지수

<윤희에게> (2019)

<매미소리> (2020)

<봄이가도> (2018)

그 외 다수

윤희에게 메이킹북

1판1쇄 펴냄 2020년 4월 17일
1판3쇄 펴냄 2022년 12월 30일

연출 임대형 | **스틸** 서지형 | **스토리보드** 박지수 | **캘리그래피** 빛나는
원작 영화 〈윤희에게〉
© 2019 LITTLE BIG PICTURES, KTH & FILM RUN. ALL RIGHTS RESERVED.

펴낸이 김경태 | **편집** 홍경화 성준근 남슬기 한홍비 | **디자인** 박정영 김재현
마케팅 전민영 유진선 | **경영관리** 곽근호

펴낸곳 (주)출판사 클
출판등록 2012년 1월 5일 제311-2012-02호
주소 03385 서울시 은평구 연서로26길 25-6
전화 070-4176-4680 | 팩스 02-354-4680 | 이메일 bookkl@bookkl.com

ISBN 979-11-90555-09-8 03680

윤희에게

메이킹북

연출 임대형
스틸 서지형
스토리보드 박지수

휴

일러두기

1. 이 책의 일부 표기와 맞춤법은 작가의 의도를 따른다.

2. 본문에 나오는 '만월滿月'은 〈윤희에게〉의 원제이다.

3. 스토리보드는 일부 장면과 일부 컷을 발췌하여 수록했다.

차례

만월 滿月 연출 노트

촬영 이전부터 감독이 적어둔 '만월 연출 노트'에서 발췌한 글.
영화를 만들면서 처음부터 끝까지 지키려고 했던 것들의 기록이다.

1. 등장인물

윤희   45세. 공장 구내식당 조리원. 새봄의 엄마.

어린 시절 가족의 반대와 억압에 부딪혀 연인 준과 헤어졌다. 준을 사랑한
다는 이유만으로 정신병원에 갇혀 지낸 적도 있다. 인호를 만나 결혼을 하
게 된 것은 오빠 용호의 강권 때문이었다. 윤희는 인호와 결혼하여 딸 새봄
을 낳고 약 20년 동안 스스로를 억압하며 살아왔다. 하지만 인호와 이혼을
한 이후로도 오랫동안 스스로 만든 억압의 굴레로부터 벗어나지 못하고 있
다. 이제 당차고 자신만만했던 어린 시절의 윤희는 지워졌다. 그러던 중, 오
랫동안 마음속 깊은 곳에 담아두고 살았던 옛 연인 준의 편지를 받고 나서
윤희는 혼란에 빠진다. 설상가상으로 새봄이 편지를 몰래 읽어버린 것 같
다. 그 후 윤희는 다니던 공장을 그만두고 새봄과 함께 준이 살고 있는 오타
루로 향한다. 여행을 하는 동안 윤희는 점점 어린 시절의 자신의 모습을 찾
아간다.

새봄   19세. 갓 대입수학능력시험을 마친 학생. 윤희의 딸.

얼른 서울에 있는 대학에 입학해서 지긋지긋한 시골을 벗어나고 싶다. 감수
성이 예민하여 늘 다른 사람들보다 더 많은 상처를 받는 사람인데, 티 내지
않으려고 일부러 강한 척 위악을 부린다. 자신만의 독특한 시선이 있다. 혼
자서 오랫동안 고심하여 어떠한 결론을 내리면 그 결론에 도달하기 위해 에
둘러가지 않고 직진하여 부딪혀보는 행동파. 때론 직설적이고 다소 호전적
으로 보이더라도 생각이 깊은 아이인 것은 분명하다. 엄마를 사랑하지만 그
사랑을 표현하는 방식이 서툴다.

준   45세. 삿포로 동물병원의 수의사.

무역 사업을 했던 일본인 아버지와 한국인 어머니 사이에서 태어나 유년기
와 청소년기를 한국에서 보냈다. 고등학교를 졸업하고 부모님이 이혼하자
아버지를 따라 일본으로 건너와 일본 국적을 선택했고, 그 이후로 20년 넘

게 줄곧 일본에서 살았다. 한일혼혈로서 어린 시절부터 정체성의 혼란을 겪었다. 한국에서는 일본인, 일본에서는 한국인 취급을 받으며 그 어디에서도 소속감을 느끼지 못했다. 오랫동안 한국어를 하지 않으려 노력했기 때문에 한국어가 서툴다. 일본 사회에서 생존하기 위해 열심히 공부했고, 결국 수의사라는 직업을 가질 수 있었다. 쥰이 아버지를 따라 일본으로 오게 된 것은 자신의 성적 지향을 커밍아웃했을 때 어머니가 큰 고통을 받는다고 생각해서다. 아버지는 쥰에게 무관심했기 때문에 오히려 그 편이 낫겠다고 판단했던 것이다. 어린 시절 윤희에게 이별을 통보받은 뒤 무작정 도망치고 싶었던 마음 탓도 있었다. 쥰은 윤희 때문에 자신이 어떤 사람인지 알게 되었다. 그렇기 때문에 쥰에게 있어 윤희는 최초의 사랑이자, 죽을 때까지 잊을 수 없는 사랑이다.

마사코　　71세. 오타루의 카페 사장. 쥰의 고모.
　　　　　SF 소설 마니아. 쥰을 딸처럼 생각한다. 사려가 깊고, 자신만의 방식으로 남을 배려할 줄 안다. 동심을 갖고 있는 어른.

경수　　　20세. 갓 대입수학능력시험을 마친 학생. 새봄의 남자친구.
　　　　　어린 시절 학교를 1년 유급하여 이제 곧 스물한 살이 된다. 새봄을 사랑해서 새봄을 위하는 일이라면 무엇이든 할 수 있다. 겉으론 생각이 없어 보이고 멍청해 보일 수도 있지만 사실은 생각도 많고 고민도 많고 무척 예민한 아이다. 티가 잘 나지 않을 뿐. 누나의 영향으로 뜨개질과 리폼하는 것이 취미다.

료코　　　33세. 회사원. 쥰을 짝사랑한다.
　　　　　키우던 노령묘를 입원 치료하기 위해 쥰의 동물병원을 드나들었다. 하지만 본래 키우던 고양이가 무지개다리를 건너고, 쥰의 동물병원에서 쥰이 치료해서 임시 보호하던 고양이 위루를 만나게 되었다. 료코는 그런 위루를 본인이 키우기로 한다. 하지만 워루 역시 병에 들고 말았다. 료코에게 준은 롤모델이라고 해도 좋을 만큼 멋져 보이는 사람. 료코는 준이 자신에게 왠지 거리를 두고 벽을 치려는 것 같아 섭섭하지만, 그럼에도 계속해서 용기를 내고 있다.

인호   45세. 경찰관. 윤희의 전남편. 새봄의 아버지.

하루하루를 근면성실하게 살아가는 평범한 남자. 날마다 같은 시간에 출근을 하고 퇴근을 하는 삶에 익숙하다. 남들이 하는 것은 자기 역시 제때 해야 직성에 풀리는 사람. 주변에서 사람 좋다고 소문난 사람. 윤희를 사랑했지만 끝내 윤희의 마음에 들기는 어려웠다. 윤희는 인호에게 영원히 풀지 못할 숙제로 남았다. 그래서 아직도 윤희의 주변을 맴돌고 있다. 윤희에게 사랑을 받지 못해 항상 외로웠고, 결국 버티다 못해 3년 전 이혼을 선택했다. 이제 사랑받고 싶고, 행복하고 싶다.

용호   50세. 사진관을 운영하는 사진사. 윤희의 오빠. 새봄의 삼촌.

개신교인. 근본주의적인 사고방식이 있다. 전통을 고집하는 인물. 윤희를 보호한다는 목적 아래 회유를 하기도, 회유가 통하지 않을 땐 은근한 협박을 하기도 했다. 윤희의 인생을 망친 장본인. 가정 내에서는 가부장적인 아버지였을 것이다. 그래서 결국 혼자가 되었다. 언제나 외롭게 사진관을 지키고 있다. 서울로 취직을 한 아들은 용호를 보러 오지 않는다.

류스케   35세. 기업의 영업부 직원. 준의 사촌동생.

영업부 직원답게 남의 비위를 맞추고 눈치 보는 일을 잘해야 하지만 그렇지 못하고 서툴다. 평소 누군가를 진심으로 위한다고 하는 언행이 오해를 빚을 때가 많았다. 정리되지 않은 생각이 뇌에서 필터를 거치지 않고 경솔하게 발설되는 타입.

하루오   65세. 전 무역업자. 고인이 된 준의 아버지.

                 일본과 한국을 잇는 무역계 사업을 말아먹고 술에 절어 살다가 아내와 이혼
                 한 지 20년. 또 다른 사업을 벌였으나 결국 빚을 지게 되었다. 죽을 때까지
                 친구들에게 돈을 빌리러 다닐 정도였다. 양심은 있어서 가족들에게 피해를
                 끼치지 않기 위해 홀로 떨어져 외롭게 살았다. 하지만 그것이 준에게는 무
                 관심으로 보일 뿐이었다. 술과 담배와 커피 중독자였다.

2. 톤 앤드 매너

이 영화는 플래시백이나 노골적인 대사 등을 통해 손쉽게 정보를 전달하는 방식의 전형적
인 영화가 아니다. 준의 편지 내레이션을 제외하고는 영화 전체적으로 정보들을(구체적으로
캐릭터들마다 어떠한 전사를 갖고 있는지)을 인물들의 대사 혹은 표정 등을 통해 분산하
거나 생략하여 관객들로 하여금 추측하고 생각하게 만드는 전략을 가진 영화이다.

더불어 이 영화는 따뜻하고 소소한 힐링 영화 또는 전형적인 '담담한 계통'의 영화가 아니
다. 전체적으로 푸르고 차가운 톤의 영화가 될 것 같다. 물론 차가운 시선을 유지하고 있
으면서도 다정한 손길을 내미는 영화가 되었으면 한다. 이 영화가 인물들의 연애 감정을
노골적으로 보여주면서 감정에 호소하려고 하는 것은 어찌 보면 철저히 정치적인 이유에
서다.

3. 페미니즘 영화

〈만월〉은 여성 캐릭터들이 메인으로 등장하는 여성 서사이다. 윤희는 자신이 성소수자 여
성으로 살면서 여태 받아온 차별과 혐오의 대를 끊어내길 바라는 인물이다. 이 이야기는
대학에 가고 싶었던 윤희가 대학을 가지 못하는 대신 엄마에게 선물 받은 카메라를 윤희
의 딸인 새봄이 이어받고, 남성(용호)의 시선에서 벗어나 여성(윤희, 새봄)의 독자적인 시
선을 갖게 되는 이야기라고도 볼 수 있다. 한일 정세는 예로부터 늘 예민하고 복잡했지만,
두 나라의 공통점이 있다면 모두 남성 중심의 가부장제 사회라는 것이다. 이 영화는 그러
한 보편적 공감대로부터 출발해야 하는 영화이다.

4. 사회의 소수자가 중심이 되는 영화

성소수자, 한일혼혈인이 메인으로 등장하는 영화이기에 더욱 예민하고 정확한 시선, 섬세한 인권 감수성을 갖고 있어야 한다. 단적으로 쥰은 소수자들 중에서도 소수자이다. 한국에선 일본인, 일본에선 한국인인 존재. 어디에서도 제대로 된 존중을 받지 못하는 존재이다. 하지만 그렇다고 해서 이 영화가 현실을 치열하게 재현하는 수준에 머물지 않기를 바란다. 사회의 가장자리에 있던 인물들이 미약하게나마 서로 마음을 주고받으며 내면의 불씨 혹은 용기, 사랑과 존엄을 찾아가는 과정을 이 영화를 통해 보여주고 싶다.

5. 대사

그렇기에 이 인물들이 나누는 대화는 어딘가 비범해야 한다. 인물들은 각자의 독특한 방식으로 서로 배려하고 있다. 쥰과 마사코 역시 남들이 잘 쓰지 않는 특별한 언어로 대화를 해야 한다. 마사코는 SF 소설 마니아이고, 쥰은 수의사이다. 늘 책과 가깝게 지내는 지식인 계층이고, 둘은 언어 감수성도 높아 말을 할 때 단어 선택을 하는 데 있어 신중한 인물들이다. 어미와 어감 하나하나에 신경을 써야 할 것 같다.

6. 사랑에 대한 영화

쥰과 윤희의 동성애, 새봄과 경수의 이성애, 쥰을 향한 료코의 짝사랑, 새봄과 윤희 그리고 쥰과 마사코의 가족애, 동물과 인간의 교감 등 이 영화에는 다양한 사랑의 양상이 존재한다. 그 결을 잘 살리면 좋겠다.

제작팀　(제작) 박두희
　　　　(프로듀서) 고경란
　　　　(제작부) 김벼리,
　　　　　카사하라 미나코, 송기영

연출팀　(조감독) 김민준
　　　　(인물조감독) 나상진
　　　　(스크립터) 하지혜
　　　　(연출팀) 김진아

스토리보드와
코멘터리

스토리보드와 각 장면의 연출 포인트 및 현장 스태프의 목소리를 담았다.
'감독 노트'는 '만월 연출 노트'에서 발췌한 글이다. '현장 이야기'는
영화 촬영 이후 9인의 스태프가 모여 이 책을 위해 진행한 코멘터리이다.

용어 설명

시나리오 용어

S# 신Scene 번호. 공간을 나눌 때 사용.

C# 컷Cut 번호. 장면을 나눌 때 사용.

Cut to 컷 투. 동일한 신에서 공간이 바뀌지 않고 시간이 흐른 경우, 또는 무드가 바뀌는 경우.

V.O. (Voice Over) 보이스 오버. 화면에 등장하지 않은 인물이 대사나 해설을 하는 것.

편집 용어

F.I. (Fade In) 점점 밝아지는 장면 전환 효과.

F.O. (Fade Out) 점점 어두워지는 장면 전환 효과.

Focus In 초점이 흐린 화면에서 선명한 화면으로의 전환 효과.

Focus Out 초점이 선명한 화면에서 흐린 화면으로의 전환 효과.

INSERT 인물이 나오지 않는 숏의 장면 삽입.

숏의 크기에 따른 용어

L.S. (Long Shot) 원거리 촬영.

F.S. (Full Shot) 전경 촬영.

K.S. (Knee Shot) 인물의 무릎 위까지 촬영.

M.S. (Medium Shot) 인물의 허리 밑까지 촬영.

W.S. (Waist Shot) 인물의 허리 위까지 촬영.

B.S. (Bust Shot) 인물의 가슴 위까지 촬영.

C.U. (Close-Up) 클로즈업. 근접 촬영.

E.C.U. (Extreme Close-Up) 초근접 촬영.

카메라의 위치에 따른 용어

H.A. (High Angle Shot) 부감 촬영. 피사체를 위에서 내려다보는 앵글.

E.L. (Eye Level Shot) 카메라 렌즈를 인물의 눈높이에 맞추어 촬영.

L.A. (Low Angle Shot) 앙각 촬영. 피사체를 밑에서 올려다보는 앵글.

카메라의 움직임에 따른 용어

TOP / MID / END 카메라 이동에서 앵글 시작과 중간과 끝.

Dolly In 달리를 이용한 촬영 기법 중 피사체에 접근하는 것.

Dolly Out 달리를 이용한 촬영 기법 중 피사체에서 멀어지는 것.

R.Dolly 달리를 이용한 촬영 기법 중 피사체를 중심으로 카메라를 우측으로 이동하는 것.

L.PAN 카메라의 위치를 고정한 채, 촬영대의 위치를 좌측으로 이동하며 촬영.

R.PAN 카메라의 위치를 고정한 채, 촬영대의 위치를 우측으로 이동하며 촬영.

Handheld 핸드헬드. 카메라를 삼각대에 장착하지 않고 들거나 어깨에 메는 것.

Steady CAM 핸드헬드로 촬영할 때 카메라가 흔들리는 것을 방지해주는 신체 부착용 특수 장치. 카메라의 흔들림을 장치로 흡수해 유연한 숏을 만들어낸다.

화면 속 인물의 위치에 따른 용어

FR.In (Frame In) 피사체가 화면 안으로 들어오는 것.

FR.Out (Frame Out) 피사체가 화면 밖으로 벗어나는 것.

O.S. (Over the Shoulder Shot) 한 사람의 등진 어깨 너머로, 맞은 편 사람의 정면을 촬영.

P.O.V. (Point of View) 1인칭 시점으로 촬영.

2S (2 Shot) 두 사람이 앵글 안에 들어오는 것.

Master 마스터 숏. 신 전체를 똑같은 각도와 화면 크기로 컷 없이 찍는 촬영.

S#1

C#01

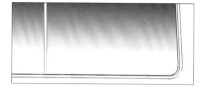

화면 블랙 상태 → F.I.
열차 창밖 풍경. B.S.
풍경 위로 오프닝 크레디트 오른다.

현장 이야기

제작팀

- 감독이 애초에 원하던 것은 기차가 아니라 마주 앉은 형식의 지하철이었다. 섭외한 기차는 탑승 인원이 제한적이어서 메인 스태프만 들어갈 수 있는 상황이었다.

연출팀

- 왕복의 기회를 놓치면 안 되었고, 촬영해야 하는 구간(오타루역-아사리역-제니바코역)이 정해져 있어서 다들 긴장하고 있었던 상태. 영화에서는 음악이 깔려서 안 들리지만, 당시 기차에서 나던 특유의 소리가 지금도 많이 그립다.

윤희에게

S#2

C#01

마사코 F.S.
옷을 다 개고, 방을 훑어보는 마사코
책상 위에 놓인 편지를 발견한다.

C#02

편지를 집어드는 마사코, 편지 C.U. → 편지 FR. Out
(편지: 책상 위에 놓여 있고, 편지 FR. Out)

C#03

편지를 집어드는 마사코 옆모습 W.S.

마사코   Yun⋯Hee⋯ (사이) 윤희.

얼마간 그대로 편지를 보고 있는 마사코

감독 노트

전후 맥락: 영화 통째로 처음 등장하는 공간과 인물. 대본에는 생략되어 있지만 준이 편지를 쓰고 난 며칠 뒤의 상황.

연출 포인트: 1) 방을 둘러보다가 책상 위의 무언가를 발견한 마사코의 표정. 섬세하고 작은 표정이었으면 좋겠다. 마사코는 영화 전체적으로 표정을 과장해 쓰지 않는 쪽이다. 2) 마사코는 일본식 영어 발음으로 "Yun… Hee…"라고 말하고, '유니'라고 찍어 발음한다. '윤희'라는 이름은 전에도 들어본 적 있는 이름이다.

현장 이야기

연출팀

● 이 공간을 세팅할 때 '따뜻하고 아늑한 느낌, 좌식으로 앉아서 창문을 내다보는 설정'이 필수였다. 마사코가 앉아서 창문을 내다볼 때 '창문 밖으로 기차가 지나간다'는 설정은 기차 소리로 표현했다. 실제 세팅된 현장을 봤을 때, 서면으로 콘셉트안을 주고받았던 것들이 눈앞에 펼쳐져 있어 정말 좋았다.

제작팀

● 일본과 한국의 차이를 시각적으로 표현해야 했기 때문에 좌식으로 설정했다. 이 공간에서 오래 살아온 마사코의 삶을 표현할 수 있는 장치였다. 실제로 키노 하나 배우가 이 공간을 보고 잘 꾸몄다고 했다.

S#3

C#01

우체국 F.S. 마사코 왼쪽에서 FR. In

우체국 앞의 우체통을 지나쳐 걸어가다가 멈춰
우체통 앞으로 돌아오는 마사코

C#02

마사코 옆모습 K.S. → R.PAN → 마사코 뒷모습 F.S.

얼마간 서 있다가 우체통 앞으로 되돌아오는 마사
코, 주머니에서 편지를 꺼내 우체통에 넣는다.
다시 돌아서 가던 길을 가는 마사코 뒷모습.

마사코   눈이 언제쯤 그치려나…

감독 노트

전후 맥락: 마사코는 S#2에서 준이 유희에게 쓴 편지를 발견했다. 대본에는 생략되어 있지만 마사코는 편지 봉투의 보내는 사람 난에 집 주소를 적었다. 언젠가 우체국에서 무게를 재고 우표를 붙였지만 정작 부치지는 못했다. 고민하다가 출근길에 충동적으로 우체통에 편지를 넣게 되는 것.

연출 포인트: 1) 마사코는 오타루의 겨울에 익숙한 사람이다. 넘어지는 게 너무 싫어서 넘어지지 않기 위해 조심하는 사람. 그래서 걸음이 느리다. 2) 마사코는 이 신에서도 표정을 과장되게 쓰지 않는다. 관객들이 마사코의 표정에서 아무것도 읽을 수 없었으면 좋겠다. 이 사람이 도대체 무슨 생각을 하고 있는 건지 모르도록. 그래야 이 사람에 대한 호기심이 들 것이다.

──────

현장 이야기

연출팀

• 2회차 촬영 아침, 도로 신(S#41)을 찍으러 가는 길에 너무 눈이 많이 내렸다. 산등성이로 갈수록 눈보라가 너무 몰아쳐 도로 신을 포기하고, S#3을 찍기로. 당일에 변경된 일정임에도 일본 제작부의 협조를 받아 진행이 가능했다. 이 신은 소낙눈이 아닌 많은 양의 눈이 와야 했기 때문에 능동적으로 움직여야 했다. 일기예보를 부지런히 체크하며 찍었던 신.

제작팀

• 사전 헌팅 시 알아본 몇 군데의 우체국은 주택가 느낌이 아니었다. 이 장소는 마사코가 집에서 나와 카페로 출근하는 길에 들를 만한 동네 우체국 같아 보여서 이곳으로 결정했다.

감독이 키노 하나 배우에게 동선을 설명하며 연기 지도를 하고 있다. 재일교포 3세인 연출부 전진융이 감독과
배우의 뒤에서 통역을 전담했다.

S#4

C#01

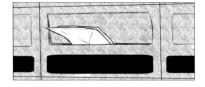

우편함 C.U. (다른 우편함도 같이 보이게)

한 우편함에 각종 고지서와 우편물이 꽂혀 있다.

C#02

TOP 우편함 측면 → 새봄 FR. In

작은 필름 카메라를 목에 걸고 우편함 앞으로 걸어
오는 새봄.

END 새봄 측면 W.S.

새봄, 우편함 앞으로 걸어와 우편물을 확인한다.
그중 뭔가를 발견했다.

새봄 목소리 윤희에게.

감독 노트

전후 맥락: 한국 분량에서 처음 등장하는 공간. 새봄이 우편함 속에 섞여 있는 편지를 발견하는 신.

연출 포인트: 1) 편지를 발견했을 때의 표정이 과장되지 않아야 할 것. 편지를 발견하고 들여다볼 때 의아한 정도.

현장 이야기

제작팀

- 복도식 아파트에 전형적인 우편함이 있는 곳을 찾으려고 했다. 인물의 동선을 생각했을 때 좀 더 깊이감이 있고 공간감이 큰 곳을 희망했으나, 예산과 스케줄을 고려하여 진행했던 신. 아파트 주민분들이 많이 협조해주서서 야외 촬영임에도 촬영이 덜 힘들었던.

연출팀

- 감독은 종종 현장에서 즉흥적으로 아이디어를 제안했는데, 이 신에서는 갑자기 새봄이가 '껌을 씹었으면 좋겠다'는 제안을 했고, 급하게 껌을 사러 갔던 기억이 난다. 그 껌 하나 때문에 너무나 새봄이스러워 보여서 재미있었다.

- 실제 우편 소인을 보기 위해, 일본 사전 헌팅을 갔을 때 한국 사무실로 우편을 보냈었다. 한참 기다려도 안 오다가 결국 보지 못하고 촬영차 일본에 갔다. 이후 이 상황을 전혀 몰랐던 한국 스태프에게 우편이 도착해 당황했었다고.

- 감독이 원했던 새봄의 착장은 교복과 커다란 목도리, 그리고 떡볶이 코트였다. 백팩 착용 주문도 있었다. 처음부터 경수와 새봄이는 스트리트 패션을 생각했다. 요즘 학생들이 이전에 비해 교복을 자유롭게 입는 점을 고려해 교복 안에 후드를 같이 입는 방향으로 반영했다.

S#5

C#01 5A 부엌

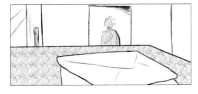

식탁 위에 놓인 편지 봉투 C.U.

살짝 열린 편지 봉투 Focus In
Focus Out 뒤로 뭔가 뒤지는 소리가 난다.

새봄 목소리 잘 지내니?
　　　　　　오랫동안 이렇게 묻고 싶었어.

C#02 5B 윤희의 방

Cut to
방문 틈새로 보이는 새봄 F.S. Master

윤희 방 침대에 걸터앉아 사진 앨범을 보는 새봄.
어지럽게 널려 있는 각종 앨범들. 준의 사진 발견.

C#03 5B 윤희의 방

앨범의 준 사진.

한 사진 위에 '준 1994'라고 적혀 있는 낙서.

새봄 목소리 너는 나를 잊었을 수도 있겠지?
　　　　　　벌써 이십 년이 지났으니까.

29

전후 맥락: 새봄이 우편함에서 편지를 발견하고 난 바로 다음 신이다. 대본에는 생략되어 있지만 이 신으로 넘어오기 전에 새봄은 편지를 다 읽었고, 그다음 엄마 방을 뒤져서 엄마의 앨범을 찾아냈다.

연출 포인트: 1) 엄마의 앨범을 한 장 한 장 넘길 때마다 앨범 안에 있는 사진들을 일일이 확인할 것. 두 장 넘길 때까진 조금 빨리 넘기고, 세번째 장에서 준 사진 발견할 것. 이때의 표정은 호기심이다. 편지에 나오는 '준'이라는 이름이 혹시 이 편지를 쓴 사람의 이름일까, 하는 호기심.

현장 이야기

제작팀

- 이 신은 특히 콘티와 똑같이 찍혔다. '살짝 열린 편지 봉투'를 표현하기 위해 풀을 발라 붙였다가 자연스럽게 떨어지기를 기다리기도.

- 감독의 전작 〈메리 크리스마스 미스터 모〉에도 새봄이 침대에 앉아 앨범을 보는 장면과 비슷한 장면이 있다.

연출팀

- 감독이 복도식 아파트를 선호하는 편인데, 전작에 나오는 아파트와 윤희와 새봄의 아파트 구조가 똑같았던 점도 흥미롭다. 준 사진 위에 '준 1994' 낙서는 편집 과정에서 삭제. 사진을 보여주면서 준에 대한 단서를 주는 대신 사진 속 인물에 대해 호기심을 자극하기로 했다.

예산중학교 교실 내부. 감독이 주요 소품인 '쥰의 편지'를 확인하는 동안 뒤에서 조명팀이 자연광과 인공광 빛의 양을 조절하고 있다.

S#6

한국 / 새봄의 고등학교 내부 / 교실 / 낮

방과 후, 교실에서 준의 편지를 다시 읽는 새봄, 새봄을 찾아 온 경수

C#01

새봄 교실 L.S. Master

아무도 없는 교실, 책상 앞에 앉아 편지를 읽는 새봄. 편지지를 코에 가져가 숨을 크게 들이마신다.

C#02

편지지 C.U.

삐뚤빼뚤 어색한 한국어 글씨.

새봄 목소리 갑자기 너한테 내 소식을 전하고 싶었
        나봐. 살다보면 그럴 때가 있지 않니?
        뭐든 더 이상 참을 수 없어질 때가.

C#03

경수 FR. In

교실 문 똑똑 두드리는 소리,
경수가 얼굴을 내민다.

경수   왜 안 나와.
새봄   안 갔어?
경수   드라이브 갈래?

C#04

새봄 M.S. Master

편지를 읽는 새봄, 편지지를 코에 가져가 숨을 크게 들이마신다.
~
편지를 노트 안에 끼워 넣고, 가방을 챙기는 새봄.
필름 카메라를 꺼내 목에 건다.

감독 노트

전후 맥락: S#4에서 편지를 발견, S#5에서 엄마의 앨범을 뒤지다가 준이라는 이름을 봤다. 그 이후 편지를 몇 번이고 읽었고, 이 신에서 다시 편지를 읽고 있는 것. 새봄은 요즘 이 편지에 빠져 있다. 방과 후, 친구들이 모두 빠져나간 교실에 혼자 남아서 편지를 읽고 있다.

연출 포인트: 1) 새봄, 경수 모두 표정을 많이 쓰지 않는다. 이 둘은 무척 친한 사이다. 2) 경수의 목소리가 들린 후 새봄의 행동은 빨라야 한다.

───────

현장 이야기

제작팀

- 감독이 '새봄이가 창가에 있지 않았으면 좋겠다'고 희망했다. 창가에서 빛을 받는 일반적인 장면이 아닌, 일상에 더 가까운, 2-3분단에 인물을 배치했으면 하는.

- 처음에는 조금 서툴지만 편지가 한국어 내레이션으로 읽히길 바랐으나, 현실적으로 배우가 발음하기에 어려웠다. 결국 편지는 한글로 쓰였지만, 내레이션은 일본어로 읽게 했다.

연출팀

- 편지 글씨는 '일본 사람이 쓴 특유의 각진 한글 느낌'인지 또는 '준이 한국에 살았던 경험이 있으니 유려한 한글 느낌'인지로 고민했다. 영화적 허용이라는 것이 있으니 너무 고민하지 말고 한국어 글씨와 일본어 내레이션으로 가자고 설득했다.

- 윤희의 필름 카메라는 처음부터 감독이 원하는 기종이 있었는데 고가의 카메라여서 대체품이 필요했다. '윤희가 대학을 안 간 대신 선물로 받은 카메라라면, 저렴한 자동카메라가 아니었을 것'이라는 설정이었기 때문. 당시 출고가는 높았으나 지금은 시세가 많이 떨어진 '리코 카메라'로 대체했다.

S#7

C#01

TOP 새봄, 경수 정면 L.S.
인물 어느 정도 가까이 오면 인물 따라 Dolly Out
END 새봄, 경수 정면 W.S.

새봄, 경수 하굣길.
학생들, 학교 쪽을 향해 뛰어간다.

경수 　저번에 우리 누나 차 긁었던 데 있잖
　　　아… 우측 뒷범퍼 쪽에. 그거 누나가 아
　　　직 모른다? 붓질 했더니 감쪽같애.

새봄 　다행이네.

경수 　그래서 당분간 누나 차는 안 될 것 같아.
　　　대신 아빠 차 있어.

새봄 　(사이) 응.

경수 　무슨 일 있어?

새봄 　아니. 그냥 몸이 좀 무겁네. 나 오늘은
　　　드라이브 못 가.

경수 　(걱정스럽다는 듯) 왜. 어디 아픈 거야?

새봄 　응. 쫌.

경수 　어디가 아픈데. 병원 안 가도 돼?

새봄 　그 정돈 아냐.

걷다가 바닥에서 무언가를 발견하고 멈추는 새봄.
덩달아 멈추는 경수. 카메라를 드는 새봄.

C#02

Flash!

찢어진 장갑 한 컬레.
빵 터지는 플래시.
경수, 찢어진 장갑을 줍는다.

S#7

C#03

새봄, 경수 측면 F.S. (대사 Master)

빵 터지는 플래시. 경수, 찢어진 장갑을 주워 탈탈 털고 주머니에 넣는다.

경수　나 요즘 리폼 하는 게 취미잖아. 꿰매서 써야지…

새봄　너는 할 거 없어서 좋겠다. (다시 걸으며) 대학은 좀 알아봤어?

경수　(따라가며) 아직.

C#04

새봄, 경수 뒷모습 L.S. H.A.(카메라: 옥상)

새봄　학과는 정했어?

경수　아직. 어떻게 되겠지 뭐.

새봄　나도 너처럼 생각 없이 막 살아보고 싶다.

경수　나 나름대로 생각 많이 하면서 살아…

하늘에 반원의 낮달.

그 위로 메인 타이틀 : 만월滿月

감독 노트

전후 맥락: 앞 신에서 새봄은 아무도 없는 교실에서 편지를 읽었다. 경수가 기다리자 같이 나오고 있는 상황.

연출 포인트: 1) 경수는 수능 때까지 새봄이랑 마음껏 놀지 못했다. 이제 수능도 끝났고, 새봄이랑 마음껏 놀러 다니고 싶은 것. 이전에 새봄이랑 드라이브 갔을 때, 차 안에서 새봄이가 먼저 도발을 했었다. 그 뒤로 기대감에 무조건 차를 끌고 온다는 설정. 2) 새봄이는 지금 경수의 말이 잘 들리지 않는 상황. 듣더라도 다른 생각을 하고 있는 것 같아 보이면 좋겠다. 새봄이가 경수에게 말하는 톤은 지나치게 차갑지 않은 정도. 3) 경수는 새봄이가 좀 처져 보이니 내가 '업'시켜줘야 한다. 새봄이가 몸이 좀 무겁다고 말하자마자 경수는 바로 새봄이를 진심으로 걱정한다! 새봄이를 정말 맹목적으로 좋아하는 아이라는 게 보였으면. 4) 엑스트라: 새봄과 경수를 제외하곤 모두 학교 내부로 뛰어 들어가고 있는 상황.

현장 이야기

제작팀

- 외부는 예산고등학교, 내부는 예산중학교에서 촬영. 원래는 여기에서 〈만월〉 타이틀을 띄우려고 했었다. 이날 아침에 눈이 내렸다. 눈과 어울리는 졸업식 신(S#105)을 먼저 찍고, 전체 스태프를 동원해 운동장과 아스팔트 위의 눈을 모두 치운 뒤 이 신을 찍었다. 눈을 모두 치운 것은 풀숏과 옥상에서 찍는 부감숏(피사체를 위에서 내려다보는 앵글) 때문. 배우들의 동선을 따라 레일을 길게 세팅해 트래킹숏(움직이는 인물을 따라가면서 일정한 숏의 크기를 그대로 유지하는 앵글)으로 촬영했다.

연출팀

- 경수의 의상은 새봄보다 좀 더 스트리트 패션에 가깝다. 여행 가기 전 새봄의 의상 설정은 전체적으로 무채색이었는데, 경수는 장소와 상관 없이 의상이 자유롭게 표현되길 바랐다.

- 경수가 찢어진 장갑을 '대충 꿰맸을 것이다'와 '섬세하게 리폼했을 것이다'를 두고 미술팀과 의상팀의 장갑 리폼 경연이 열리기도 했다. 경수는 패션에 관심이 많고, 누나의 영향으로 손재주가 좋아 섬세하게 리폼했을 것'이라는 결론을 내려 영화 속의 장갑이 탄생했다.

한국 / 윤희와 새봄의 아파트 내부 / 부엌 / 밤

식탁에 마주 앉아 밥을 먹는 윤희와 새봄

C#01

식탁에 앉아 밥을 먹고 있는 윤희,

밥 한 그릇을 들고 식탁에 와서 앉는 새봄. F.S.

새봄   엄마. 나 원서접수비 필요해.

윤희   (새봄을 보지 않고 밥을 먹으며) 응.

새봄   나 서울로 가고 싶은데, 그럼 다 사립으
           로 써야 돼.

윤희   (그제야 피로한 눈으로 새봄을 본다)

새봄   (?)

윤희   그렇게 해.

새봄   우리 사정에 괜찮겠어? 나 지방 국립대
           갈 성적은 돼.

윤희   그런 건 네가 신경 쓸 거 아냐.

새봄   알았어.

잠시 어색한 침묵. 새봄, 밥을 한 큰술 떠먹는다.

윤희의 안색을 살핀다.

새봄   엄마 요즘 일 많이 힘들어? 피곤해?

윤희   괜찮아.

새봄   나 알밥 먹고 싶다. 엄마가 해주는 알밥
           진짜 맛있는데.

윤희   (사이) 다음에.

한 손으로 다른 쪽 손목을 주무르는 윤희.

감독 노트

전후 맥락: 영화상에서 타이틀이 뜬 이후로 첫 신. 윤희와 새봄의 일상. 새봄은 학교가 끝나고 돌아와서 반찬 몇 개를 꺼내놓고 엄마를 기다리고 있었다. 윤희는 일을 마치고 돌아와서 바로 식탁에 앉았다.

연출 포인트: 1) 윤희는 육체와 정신이 정말 피로한 상태. 그뿐이다. 나쁘게 보여도 좋다. 2) 새봄은 그저 엄마랑 길게 정상적인 대화를 나눠보고 싶다. 엄마에게 묻고 싶은 게 많고, 입시 상담도 하고 싶은데, 대화가 잘 안 돼서 답답하다.

현장 이야기

연출팀

- 두 사람이 '서로를 바라보지 않는 것에서 느껴지는 거리감'이 핵심이었다. 윤희와 새봄이 얼마큼 멀어져 있는지를 한 컷 안에 표현하려고 했다. 대본에서 윤희가 등장하는 첫 신으로, 윤희에 대한 궁금증을 유발하기 위해 이러한 방식으로 연출했다.

감독이 이 영화의 배경이 '무미무취'였으면 좋겠다고 해서 독특하지 않은, 어디에도 있을 법한 소품과 공간을 위해 애를 썼다. 시대를 반영한 소품을 구하기 위해 재개발 지역에서 협조를 얻어 조명과 싱크대를 구하러 가기도. 한국은 쓸쓸한 윤희의 마음을 대변하기 때문에 공간 자체가 많이 비워져 있다. 인호와 함께 찍은 결혼 사진 액자는 걸어두었던 흔적만 있으며, 식물이나 어항의 물고기도 없다. 90년대 아파트를 재현하기 위해 전체적으로 옥색의 톤으로 세팅했다.

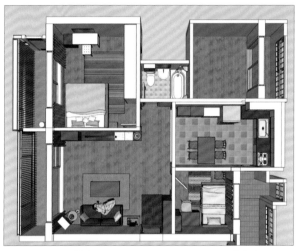

C#01

윤희 W.S.

버스 정류장에 중년의 여성 몇 명과 윤희가 서 있다.

C#02

버스정류장 F.S. → 차 오른쪽에서 FR. In

그들의 앞으로 와서 멈추는 12인승 승합차.

감독 노트

전후 맥락: 이번 신부터 윤희의 일상이 펼쳐진다. 윤희는 오후반 출퇴근 승합차를 기다리고 있다.

연출 포인트: 1) 윤희는 다른 동료들과 대화를 나누지 않고, 그저 멍한 공백 상태. 이 상태가 지속되어왔다. 2) 엑스트라: 윤희와 조선족 옥화를 제외하곤 각자 붙어 서서 이런저런 대화를 나누고 있다. "가스비가 너무 많이 나온다." "우리 아들이 이번에 시험을 봤는데…"

S#12

C#01 12A

구내식당 대각 L.S.

줄 지어 서 있는 노동자들.

※ 실제 로케이션 점심시간 촬영.

C#02 12B

윤희 정면 F.S.

커다락 주걱으로 밥을 휘휘 젓고 있는 윤희.

감독 노트

전후 맥락: 이 신은 공장 구내식당에서 조리원으로 일하고 있는 윤희의 모습을 보여주는 신이다.

연출 포인트: 1) 밥을 휘젓는 윤희의 액팅. 표정은 없었으면 좋겠다. 오랫동안 해왔던 일을 기계적으로 반복하고 있는 것이다. 윤희는 이 공장에서 일한 지 벌써 3년이 되었다.

현장 이야기

연출팀

- 충남 보령에 있는 한 철강공장의 허가를 받아 실제 직원분들의 식사 시간을 촬영.

제작팀

- 직원분들이 카메라를 의식하거나 쳐다보면 안 되므로, 카메라를 천으로 가리고 스태프가 한쪽에 숨어 화면으로 상황을 지켜보았다. 화면 구석 한 자리가 비어 조감독이 급하게 의상을 빌려 자리를 채웠고, 실제 식사까지 했다. 영양사가 실제로 인사권을 가지고 있는지에 대해서도 논의했다. '세현'의 초기 설정은 영양사가 아니라 인사권을 가지고 있는 부장이었으나 영양사로 변경하면서, 현장에서 영양사를 관찰하기도.

S#13

C#01

담배 피우는 윤희 측면 M.S.

C#02

담배 피우는 윤희 F.S.
중년 남성 행인 FR. In
→ 행인이 지나가자 몸 돌리는 윤희
→ 행인 FR. Out
→ 담배를 바닥에 비벼 끄고 바닥에 있는 분유통에
버린 다음 섬유향수를 꺼내 옷에 뿌린다.

감독 노트

전후 맥락: 일상 속 한 장면. 윤희가 퇴근하고 집에 돌아가는 길에 항상 담배를 피우는 장소.

연출 포인트: 1) 윤희가 행인이 지나가자 몸을 돌리는 것은 이 지역 사람들 시선이 두렵기 때문이다. 이는 습관적인 것이다. 윤희는 행인이 지나갈 때 몸을 뒤로 돌리고, 어느 정도 지나가면 다시 원래대로 돌아서 담배를 비벼 끈다.

———

현장 이야기

연출팀

- 윤희가 피우던 담배는 금연초였다. 원래 윤희의 담배는 에쎄 1mm. 하지만 '여성은 얇은 담배를 피운다'는 설정이 편견이라는 의견이 나와 감독이 수용하고 변경했다.

- 윤희의 가방은 처음부터 '큰 숄더백'이었다. 윤희가 '일이 끝나고 남은 반찬을 싸왔을 것'이라는 설정. 개인적으로 이 장면을 보면 담배 냄새와 반찬 냄새가 함께 나는 것 같다.

- 윤희 발 옆에 담배를 버리는 분유통도 모두 설정된 것. 미술감독이 오래된 분유통을 급하게 찾아다녔다.

C#01

아파트 복도 정면 F.S. → 윤희 FR.In → 인호 일어나
면 → 2S

복도를 걷는 윤희, 걸을 때마다 복도의 센서등이 차
례대로 켜진다.
집 앞에서 멈추는 윤희. 쪼그려 앉아 있던 인호가
일어선다. 취했다.

C#02

윤희 O.S. 인호

C#03

인호 O.S. 윤희 → 윤희 FR. Out

인호	늦네.
윤희	깜짝 놀랐잖아.
인호	맨날 이렇게 늦냐?
윤희	(사이) 오늘은 오후반이야.
인호	그렇게 안 살아도 되잖아. 왜 그렇게 힘들게 살아.
윤희	저기, 나 피곤해.
인호	(윤희를 뚫어져라 본다) 너는 안 늙는다?
윤희	(한숨 폭 내쉰다)
인호	윤희야. 너 혹시, 누구 생기면 나한테 꼭 말해줘야 돼.
윤희	새봄이 봤으면 가. (현관문 손잡이 잡고 열려고 한다)
인호	(그런 윤희의 손목을 움켜잡으며) 우리 딸 벌써 보고 나왔지. (들고 있던 투명 약봉지를 윤희에게 건넨다) 너 요즘 많이 피곤하다며. 영양제야.
윤희	놔, 이거.
인호	(놓지 않는다)
윤희	당신 취할 때마다 찾아오는 거 이제 무서워.
인호	(충격을 받았다는 듯 윤희의 손목을 움켜쥐었던 손의 힘을 서서히 푼다)

손목을 주무르는 윤희, 현관문 열고 들어가서 문 닫
는다.

C#04

아파트 복도 정면 인호 F.S. (C#01과 동일)

윤희 현관문 열고 들어가서 문 닫는다.
안쪽에서 바로 문 잠그는 소리.
인호, 현관문 손잡이에 맥없이 약봉지 건다.
그대로 얼마간 가만히 서 있는다. 센서등이 꺼진다.

감독 노트

전후 맥락: 앞에서 윤희가 어떤 일상을 보내고 있는지 드러났다. 이 신은 모든 하루 일과를 마치고 집으로 돌아온 상황이다. 윤희는 그동안 인호에게 사랑을 주지 못하는 자기 자신을 책망했다. 이제 죄책감은 미움으로 바뀌었다. 윤희는 그런 감정들로부터 홀가분해지고 싶었다. 그래서 여전히 자신의 주변을 맴도는 인호가 눈엣가시다.

연출 포인트: 1) "당신 취할 때마다 찾아오는 거 이제 무서워.": 인호에게 명확하게 선을 긋고, 상처를 주고 싶었을 수 있다. 2) 인호는 술에 취했어도 좋은 사람인 티가 나야 한다. 최대한 다정한 말투로. 3) 인호는 다리를 살짝 벌리고 섰다. 술을 많이 마셨는데 아직 이성은 붙잡을 수 있는 상태. 아저씨의 "푸…"

연출팀

● 유재명 배우의 일정이 빠듯해, 총 다섯 개의 신을 하루에 몰아서 찍어야 하는 상황이었다. 그럼에도 모든 신의 연기가 훌륭했다.

제작팀

● 아파트 복도가 좁아서 카메라와 스태프 이동이 어려웠고, 배우 대기 장소도 마땅치 않아 고생했다. 윤희가 문을 닫고 들어가는 집은, 실제로 가족이 거주하는 집이었다. 이 신에서 김희애 배우가 문을 닫고 들어가면 삼겹살을 구워먹는 가족과 눈을 마주치는 상황이었고, 그때마다 눈인사를 나눴다고. 주말 저녁이라 배달 오토바이가 소리가 계속 났고, 구경하는 사람들이 촬영 현장을 핸드폰으로 찍거나 김희애 배우이름을 불러대는 등 통제가 쉽지 않았던 장면.

S#16

C#01

마주 앉은 새봄, 인호 F.S.

인호는 종이컵을 물어뜯고 있고, 새봄은 어딘가를
보고 있다.

새봄   근데 저분은 왜 저기서 저러고 있어?

인호   응, 방해 안 하겠다고…

새봄   설마 정말 방해가 안 된다고 생각하는
       건가.

새봄, 은영의 시선이 불편한 듯 인호의 옆자리로 와
서 앉는다.

C#02

은영 K.S.

스카치 캔디를 까먹는 은영.
새봄을 향해 입모양으로 "안녕" 말한다.

C#03

은영 P.O.V.

새봄, 은영의 시선이 불편한 듯 인호의 옆자리로 와
서 앉는다.

새봄   아빠.

인호   응.

새봄   왜 대답 안 해.
       (사이) 엄마랑 왜 헤어졌어?

인호   (새봄을 보며 작고 긴 한숨을 내쉬더니,
       주머니에서 스카치 캔디를 꺼내며) 새
       봄이 사탕 먹을래?

S#16

C#04

TOP 새봄, 인호 옆모습 W.S.
MID 새봄 FR. Out
END 남겨진 인호를 중심으로 살짝 L.PAN

새봄   아빠.

인호   응.

새봄   왜 대답 안 해.
        (사이) 엄마랑 왜 헤어졌어?

인호   (새봄을 보며 작고 긴 한숨을 내쉬더니,
        주머니에서 스카치 캔디를 꺼내며) 새
        봄이 사탕 먹을래?

새봄   웬 사탕?

인호   아빠가 요즘 담배를 끊었거든. (불안한
        듯 스카치 캔디의 봉지를 뜯어 사탕을
        입에 넣는다)

새봄   담배 피고 싶구나?

인호   아빠 너무 갑작스럽다.

새봄   그래도 내가 언젠가 이런 질문할 줄 몰
        랐어? 툭 치면 나올 정도로 준비를 해뒀
        어야지.

인호   이유를 막론하고, 아빠랑 엄마가 새봄
        이한테 잘못했지 뭐.

새봄   그런 거 말고

인호   (사이) 새봄아. 이런 얘기는, 술 먹으면
        서 하는 거야. 너 수능도 끝났겠다, 아빠
        가 술 한잔 사줄까?

새봄   (고개 저으며) 아빠. 지금이 아니면, 앞
        으로 나한테 설명할 수 있는 기회가 없
        을 거야. 영영.

인호   (무슨 생각 끝에 한숨 내쉬며 사탕을 빈
        종이컵에 뱉는다)

새봄   (?)

인호   니네 엄마는, 뭐랄까…

새봄   응.

인호   (사이) 사람을 좀…

새봄   응.

인호   (사이) 외롭게 하는 사람이야.

새봄   (무슨 말을 하지 못하고 인호를 가만히
        보고 있다)

인호   (무슨 말을 한 건가 싶은) 아빠 말이 좀
        어렵지? 조만간 아빠랑 술 한잔하자.

새봄   (사이) 아냐, 하나도 안 어려워.

인호, 은영의 눈치를 보며 오만 원 지폐를 꺼내
새봄의 손에 쥐어준다.
새봄, 은영 쪽을 쳐다본다.

새봄   나 갈게.

인호   벌써?

새봄   (일어나며) 응, 약속 있어.

새봄, 자리에서 일어나 인호에게 손 흔들고 나간다.
슬쩍 웃는 인호 사탕 먹는다.

S#16

C#05

은영 L.S.

미소를 보이며 새봄에게 손 흔들어 인사하는 은영.
인호에게 들어가보겠다는 손짓을 하고는 사무실
문 열고 들어간다.

C#06

새봄 FR. In

몇 걸음 걸어 가다 말고 뒤돌아보는 새봄.

새봄	아빠.
인호	(덩달아 일어나며) 응, 새봄아.
새봄	저분한테 잘해.

인호, 대답 없이 새봄을 진지하게 응시하다가, 슬쩍
웃어 보인다. 뒤돌아 다시 복도를 걷는 새봄.

감독 노트

전후 맥락: 인호는 새봄이가 일하는 데까지 연락도 없이 찾아온 것은 처음이기에 의아
한 상황. 자판기에서 커피와 코코아를 빼서 의자에 앉았다. 새봄은 인호에게 이미 "엄
마랑 왜 헤어졌어?"라고 물었고, 인호는 대답을 피하고 있었다. 두 사람이 한참 동안
어색한 침묵이 이어진다. 새봄은 애초에 아빠가 아니라 엄마랑 살겠다고 했으니 아
빠에 대한 미안함도 있고, 아빠가 걱정되기도 한다. 아빠가 혼자 사는 것이 불쌍하다.

연출 포인트: 1) 인호는 술에 취했을 때나 평소나 크게 다를 바 없는 좋은 사람. 말투가 다정하다. 인호가 새봄이에게 평소 얼마나 다정한 아버지였을지 보였으면. 딸이라면 사족을 못 쓰는 딸 바보. 2) "니네 엄마는, 뭐랄까… (사이) 사람을 좀… (사이) 외롭게 하는 사람이야.": 사이 사이마다 긴 침묵이 있으면 좋다. 새봄이에게 무슨 얘길 해줘야 새봄이가 그만 괴롭히고 갈지, 이런 얘길 얘한테 해도 되는지, 고민이 많다. 사이마다 새봄의 눈치를 볼 것. 새봄이가 "응" 대답할 때마다 새봄을 보는데, 두번째 "응"에서 새봄이 얼굴을 똑바로 마주 보면 좋을 것. 3) 새봄의 "응"은 아빠를 향해 굼뜨게 말하지 말고 기왕에 말할 것이라면 확실하게, 빨리 말해달라는 뜻이다. 새봄은 조금만 더 용기를 내! 아빠의 "엄마는 사람을 좀 외롭게 하는 사람이야"라는 말을 듣고 충격을 받았다. 새봄이는 그동안 아빠가 엄마를 버렸다고 생각했기 때문. 그 말을 듣고 새봄은 얼른 그 자리를 피하고 싶은 것. 4) 은영은 새봄에게 첫인사를 하는 것이다. 수줍고 떨린다. 복잡한 심정이지만 사랑하는 사람의 딸이니 내색하지 않고 용기를 내고 있는 것. 할 수 있는 한 최대한 밝게!

현장 이야기

연출팀

- 원래는 인호와 새봄이가 강변을 걸으며 이야기 나누는 설정. 임대형 감독이 '어느 아버지가 추운 날씨에 딸과 강변을 걸으며 이야기 나누겠느냐'며 내부 촬영으로 변경했던 점이 인상적. 이 공간에서는 없던 의자를 따로 설치하여 마주 보는 구조를 마련했다. 새봄이 은영을 마주했을 때 아빠 옆으로 숨는 장면에서 은영에 대한 새봄의 경계심을 더 효과적으로 표현할 수 있는 구조. 공간이 제한적이어서 인물을 분명하게 보여주는 것에 집중했던 신. 이때 유재명 배우가 정말 다양한 버전의 연기를 했는데 기억에 남는 버전은, 스카치 캔디를 깨물어 먹던 버전.

오랫동안 한자리에서 운영해온 필름 카메라의 감성을 담아 우드 인테리어를 선보였다. 사진관 안에 있는 걸려 있는 사진들은 모두 스태프의 어린 시절 사진. 사진 앞에 서서 서로를 찾아보는 재미도 있었다.

S#17A

C#01 대기 공간

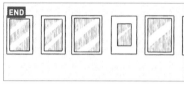

TOP 비뚤게 걸려 있는 액자를 유심히 보다가 수평에 맞게 바로잡는 새봄.

용호(V.O.) 새봄이 일로 들어와!
새봄   네, 삼촌!

END 새봄 FR. Out

새봄이 보고 있던 사진은 어린 시절 윤희의 사진.
벽면에 윤희의 사진이 오랜 세월 비뚤게 걸려 있던 흔적이 보인다.

C#02 스튜디오

Cut to
새봄, 증명사진 배경으로 정면 W.S.

새봄   삼촌. 저 엄마 안 닮았죠.
        엄마 예쁘잖아요.
용호(V.O.) 고개 살짝 왼쪽으로 해볼까?
새봄   (고개 살짝 왼쪽으로 하며) 저 아빠 닮은
        것 같아요.
용호(V.O.) 새봄이는 엄마 닮았지.
새봄   그래요? (기분 좋다)
용호(V.O.) 그럼. 특히 그렇게 웃을 때 많이 닮았지.
        더 웃어볼까?
새봄   (웃는다)
용호(V.O.) 너무 웃었다. 살포-시 웃어볼까?
        살포-시.
새봄   (살짝 웃는다)
용호(V.O.) 좋다!

카메라 플래시 터지면서 찍히는 새봄의 사진.

S#17A

C#03 스튜디오

카메라 뒤에 서 있는 용호 W.S.

카메라 플래시 터지면서 새봄의 사진을 찍는 용호

C#04 스튜디오

새봄 측면 B.S.

새봄 엄마 어렸을 때 인기 많았어요?

용호 인기 많았지. 여기 예산에 꼬추 달린 놈들 중에서 니 엄마 안 좋아한 놈이 없었어.

새봄 (표정 구기며) 으… (사이) 근데 엄마 여고 나온 거 맞죠?

용호 그렇지.

새봄 아…

용호 원래 여학교 애들이 남자애들한테 더 인기가 많아요. 새봄이 바로 가야 되나? 삼촌이 사진 바로 뽑아줄게, 좀만 놀다 가.

새봄 그럼 여자애들한텐 인기 없었어요?

용호 (뷰파인더를 보다 말고 새봄을 의아하다는 듯 본다)

새봄 (얼버무리는) 그게 진정한 인기거든요.

C#05 대기 공간

Cut to
새봄 사진 C.U.

용호 새봄이 인물 사진은 안 찍니?

새봄 네. 저는 아름다운 것만 찍거든요.

용호 (피식) 심오하네. 니 엄마는 인물 사진을 기똥차게 잘 찍었어.

새봄 아… 그래요?

용호 새봄이 사진 좀 부지런히 찍어. 그래야 삼촌한테 자주 오지.

새봄 네.

S#17A

C#06 대기 공간

용호, 새봄 F.S.

C#07 대기 공간

용호 Master

C#08 대기 공간

새봄 Master

C#09 대기 공간

용호, 새봄 F.S. (C#06과 동일)

새봄	삼촌. 근데 삼촌은 왜 저희 엄마랑 사이가 안 좋아요?
용호	그래? 우리 사이가 안 좋나?
새봄	그래 보여서요. 솔직히 할아버지 할머니 제사 지내는 날 말고는 서로 안 보시잖아요.
용호	에이… 삼촌이랑 엄마랑 사이 좋아. 먹고사느라고 바빠서 그렇지.
새봄	그렇구나.
용호	그럼!
새봄	삼촌. 엄마 얘기 좀 해주세요. 뭐 재밌는 얘기 없어요?
용호	(새봄을 힐끔 봤다가, 계속 컴퓨터 모니터 보는 척하며) 엄마 얘기? 무슨 엄마 얘기.
새봄	그냥요. 집에 가서 엄마 놀려주려고요.
용호	재밌는 얘기라… 재밌는 얘기… (컴퓨터 모니터 너머의 새봄을 본다) 왜, 새봄아. 혹시 엄마한테 무슨 일 있어?
새봄	(?) 네? 아뇨?
용호	오늘따라 새봄이가 이상하네? 왜 자꾸 삼촌한테 엄마에 대해서 물어봐?
새봄	(고개 갸웃하며) 그게 왜 이상해요? 그럼 삼촌한테 물어보지, 누구한테 물어봐요?
용호	(그런 새봄을 계속 이상하다는 듯 본다)
새봄	사진 나오려면 오래 걸려요?
용호	(다시 컴퓨터 화면으로 시선을 돌려 계속 바둑 두며) 응, 금방 돼.
새봄	지금 바둑 두시잖아요. 빨리 해주세요.
용호	응, 응.

S#17B

C#01

사진관 앞 W.S.

TOP 사진관 문 열고 나오는 새봄 FR. Out

END 고개를 내미는 용호, 새봄을 찾는다.

감독 노트

전후 맥락: 새봄이는 앞 신에서 아빠에게 엄마에 대해 물으러 다녀왔다. 입시원서를 넣을 때 필요한 증명사진도 찍고 그동안 찍은 필름 인화도 할 겸, 엄마에 대해 물으러 삼촌을 찾아왔다. 용호는 영화 내에서 가장 보편적인 시선을 가진 사람일 것이다. 사회의 다수가 갖고 있는 생각을 가진 사람. 그래서 중요한 인물이다.

연출 포인트: 1) 새봄의 "그럼 여자애들한텐 인기 없었어요?" 대사 이후 용호의 의문스러운 표정을 살릴 것. 2) 용호가 사진관 밖으로 고개를 내밀 때, 가능한 한 표정을 쓰지 않는다. 눈만 선명하게 떴으면 좋겠다. 용호가 무슨 생각을 하고 있는지 관객은 초반부에서 몰라도 된다. 3) 새봄이는 삼촌의 엄마 닮았다는 말에 정말 기분 좋은 반응이 나와야 한다. 4) 새봄의 "네. 저는 아름다운 것만 찍거든요" 대사는 흐리멍텅하게 치면 안 된다. 또렷한 눈으로 똑바로 발음해야 한다. 확신 섞인 어조. 5) "으… 근데 엄마 여고 나온 거 맞죠.": '으…' 와 '근데' 사이에 텀이 있어야 한다. 엄마는 여고를 나왔다는 걸 알고 있기 때문에 새봄에게는 편지의 상대방이 여자인 건지? 사진 속의 준이 정말 그 사람인지? 하는 의혹이 있는 상태. 5) "새봄아. 혹시 엄마한테 무슨 일 있어?": 용호의 이 질문은 새봄 입장에서는 정말 뜬금없는 질문이다. 새봄 입장에서는 이 질문이 전혀 이해가 가지 않는다. 엄마에 대한 재밌는 얘기를 해달라는 새봄에게 엄마한테 무슨 일이 있냐고 묻다니?

현장 이야기

제작팀

● 사진관 사전 헌팅 시 외부 간판이 허름해 내부도 허름할 것이라고 생각하고 들어
갔는데, 내부는 새롭게 인테리어 한 상태. 벽을 새로 칠한 지 얼마 안 되었다는 사장
님의 말씀. 영화에 필요한 방식으로 새로 칠해도 되겠냐고 했더니 살짝 당황하셨으
나, 현재는 영화 속 장면 그대로 사용 중이신 것으로 보아 마음에 드셨던 것 같다.

연출팀

● 비뚤게 걸려 있는 액자를 새봄이 바로잡는 것이 앞으로의 일을 바로잡는다는 것
을 암시하는 것 같아서 좋아했던 장면이었는데, 삭제되어 아쉬웠다. 또 그 어디에도
공개되지 않았던, 김희애 배우의 실제 고등학교 시절 사진을 담았던 장면이어서 더
욱 아쉬웠다. 73쪽의 사진은 감독이 윤희의 어린 시절이 담긴 액자를 확인하는 상황.
감독이 착용하고 있는 무선 헤드폰은 촬영 중 녹음되는 대사 등 사운드를 확인하기
위한 장비이다.

● 이 신은 새봄이가 '사진을 찍는 날이라 갖춰 입었다'는 느낌을 주기 위해 교복에
더 신경 썼다. 실제 학교에서 제공받은 교복도 있었으나 치마가 너무 짧아 새봄과 어
울리는 교복으로 따로 준비했다. 새봄이 성향은 갑갑한 것을 못 견딜 거라 여겨, 중간
에 넥타이를 살짝 끄르는 설정도 있었다.

S#18A

한국 / 강변 / 낮

카메라를 만지며 미래를 고민하는 새봄과 경수

C#01

차 L.S.

차 조수석 쪽에 기대어 서서 담배를 피우는 새봄.

C#02

TOP 담배 피우는 새봄 → 내려가는 조수석 창문 → 올라가는
조수석 창문
기대어 서서 담배 피우는 새봄, 내려가는 조수석 창문

경수(V.O.)　(차 안에서) 안 추워?

새봄　창문 닫아, 담배 냄새 들어 가.

조수석 창문을 올리는 경수, 운전석 문 열고 나와
새봄의 옆으로 와서 선다.
경수는 새봄의 카메라를 손에 들고 있다.

경수　(카메라 어딘가를 가리키며 새봄에게
　　　몸을 바짝 붙인다) 여기 이 바늘은 뭐
　　　야?

새봄　(경수에게 살짝 떨어져 담배 들고 있는
　　　손을 경수에서 먼 쪽으로 치우며) 초점
　　　거리랑, 조리개 수치.

경수　아, 귀찮네…

새봄　(담배를 탈탈 털어 끄고 경수에게 카메
　　　라를 뺏어서 목에 건다) 귀찮으면 그냥
　　　배우지 마.

END 새봄 옆으로 와서 서는 경수 → 차 안으로 들어가는 경수,
한숨 쉬는 새봄

경수　나도 필카 한 대 살까? 넌 그거 어디서
　　　샀어?

새봄　야, 멍청아, 허세 부리지 마. 너 같은 애
　　　들이 카메라 사지? 카메라에 먼지만
　　　쌓여.

경수　(자존심 상하는) 그런 건 두고 봐야 알
　　　지…

새봄　(경수를 귀엽다는 듯 빤히 보다가) 야.
　　　너도 서울로 대학 와라.

경수　나는 점수가 안 되잖아.

새봄　재수하면 되잖아. 서울에서 재수학원
　　　다녀.

경수　나는 벌써 일 년 꿇었잖아. 그리고 내가
　　　재수한다고 될까…

새봄　그럼 나랑은 어떡할 건데. 나는 서울로
　　　갈 거야.

경수　(사이) 뭘 어떡해. 장거리 연애하면 되
　　　지. 아, 추워.

경수, 도망치듯 다시 차 안으로 들어가버린다. 새
봄, 한숨을 푹 내쉰다.

S#18B

C#01

새봄, 경수 뒷모습 (카메라: 차 안)

새봄   이 카메라, 엄마가 쓰던 거다? 원래 고
              장 났던 건데, 내가 고쳐서 쓰는 거야.

경수   아, 그렇구나… 나도 집 가면 좀 뒤져봐
              야겠다.

새봄, 경수의 정수리에 검지를 댄다. 경수가 피하면
또 검지를 댄다. 경수는 또 피한다.
어색하게 웃다가 서로를 보는 경수와 새봄. 잠시
어색한 침묵. 돌연 경수에게 달려들어 입을 맞추는
새봄.

경수   (새봄에게서 입술을 떼며) 뭐야, 왜. 갑
              자기?

새봄   왜. 지금 아냐?

경수   아니, 그게 아니라…

새봄   뭐.

경수   아니, 너 담배 냄새 나…

새봄   (쑥스러워 헤헤 웃으며) 그래서 싫어?

경수   아니, 딱히 그런 건 아닌데…

새봄   (다시 제자리로 와서 앉으며) 아, 쪽팔
              려…

사이.

새봄   (경수를 뚫어져라 보며) 야. 너는 혹시
              나 두고 야한 생각 같은 거 안 해?

경수   (?) 응?!

새봄   나는 자주 하는데. 너 혹시 나랑 그거 하
              고 싶을 때 없어?

경수   그게 뭔데. (새봄이 계속 보자 시선 피하
              며) 뭐. 갑자기 또 왜 그래… 안 그래도
              나 참기 힘들어.

새봄   왜 참는데? 너 나한테 물어본 적도 없잖
              아. 내가 싫다고 한 적도 없고.

경수   (사이) 너 아직 미성년자잖아. 난 성인이
              고.

새봄   (경수가 귀엽다는 듯 피식 웃으며) 야,
              그게 뭐야… 너 진짜 웃긴다… 뭐야? 법
              이 그렇다 그거야? 그럼 한 달 뒤부터는
              안 참을 거냐?

경수   놀리지 마…

새봄   (간신히 웃음을 멈추고 경수를 귀엽다
              는 듯 본다) 너도 그런 생각 하는구나?

S#18B

C#02

김 서린 차 안 유리 나오게 새봄, 경수 (카메라: 차 밖)

새봄, 다시 공격적으로 달려들어 경수의 입에 자신의 입을 맞추려는데, 확! 떨어지는 경수.

경수(V.O.) (아프다는 듯) 아! 아! 뭐야!

새봄(V.O.) 응?

경수(V.O.) 카메라! 카메라! 카메라 배겼어!

새봄(V.O.) 아. 미안. (놀라서 카메라 치우며 멋쩍게
　　　　　일어난다)

경수(V.O.) 야, 진짜 아팠어…

_____

감독 노트

전후 맥락: 이날 새봄이는 바빴다. 방과 후 아빠한테 갔다가 삼촌한테 갔다. 이 신은 경수와 강변에서 데이트를 하는 신이다. 경수와 요즘 자주 이곳에 왔었다. 새봄은 이곳에서 무의식적으로 자신의 정체성을 시험해보고 있다.

연출 포인트: 1) 새봄은 경수랑 함께 놀고 있는 이 순간에도 엄마 생각을 하고 있다. 머릿속이 복잡하다. 언제나 수많은 고민들로 가득 차 있는 아이. 2) 경수가 요즘 자꾸 아버지 차와 누나 차를 동원해서 새봄과 드라이브를 하는 것은 새봄과 뽀뽀를 하고 싶어서다. 새봄이가 먼저 적극적으로 대시를 하기 때문에 그걸 기대한다. 하지만 쑥스러움이 많아 먼저 요구하는 일은 없다. 항상 새봄이가 자신을 리드해주길 바란다. 경수는 오늘따라 더 적극적인 새봄이 이상하다. 3) 차창에 낀 성에 컨티뉴이티. 뽀뽀는 새봄이 경수의 윗입술과 아랫입술을 덮는 정도. 조수석 창문을 내리는 포인트와 경수가 아! 아! 하는 포인트 잘 맞추기.

_____

현장 이야기

제작팀

- 대본에 표현된 모습 그대로의 장소를 제작팀에서 찾아낸 게 정말 신기했다. 점심 먹을 장소가 마땅치 않아 주변 마을회관을 빌려 식사했다. 마을회관에서 배우들의 식사를 준비하는데, 근처 어르신들이 제작부의 미나코가 한국인인 줄 알고 계속 이 마을의 전설을 계속 이야기해주셨다. 그런데 사투리를 잘 알아듣지 못해서 계속 '에에' 대답만 했던 기억.

- 새봄과 경수 신을 삭제할 때마다 많은 걱정을 했다. 그래도 많은 분들이 윤희와 준의 이야기를 더 궁금해했기 때문에 이 편집의 방향성에 확신을 가졌다.

연출팀

- '시동을 끄고 몇 분이 지나면 김이 서린다' '몇 도일 때, 김 서림이 얼마나 지속된다' 등 차 안 김 서림을 표현하기 위해 사전 테스트를 정말 많이 했다. 경수 아버지의 차라는 설정으로 고급 차량을 준비했는데, 이 차의 김 서림 방지 기능 때문에 김이 서리지 않아서 당황. 결국 커피포트를 창문에 대고 김을 만들어냈다.

C#01

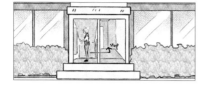

현관 앞 유리 밖에서 윤희 F.S. Handheld (카메라: 현관 밖)

우편함 앞에서 고지서와 우편물을 꺼내는 윤희, 확인하며 엘리베이터 쪽으로 걷다가 우뚝 멈춰 선다. 뭔가를 발견했다.

C#02

숨이 차오르는 윤희 얼굴 B.S. Handheld

점점 숨이 차오르는 윤희, 호흡이 빨라진다. 가위에 눌린 것처럼 움직이지 못한다. 센서등 꺼진다.

전후 맥락: 앞 신에서 윤희는 퇴근 후 집에 오는 길에 담배를 피웠다. 윤희가 준이 보낸 편지를 처음 발견하게 되는 신이다.

연출 포인트: 1) 윤희가 우뚝 멈춰 설 때, 정말 물리적으로 몸이 굳는 느낌이었으면. 준이라는 이름을 봤을 때 갑자기 마음이 덜컹했다. 준이라는 이름 하나에 윤희가 잃어버렸던 무언가가 확 치고 올라왔다. 그것은 잊고 지냈던 '나'라는 사람이다.

현장 이야기

연출팀

- S#19-23까지. 이때는 미세한 윤희의 균열이 보이는 신이라 핸드헬드로 설정했으나, 현장에서 과하지 않은 느낌으로 가려고 픽스숏(카메라를 고정해 놓고 촬영하는 것)으로 수정하며 촬영을 진행했다.

S#21

한국 / 윤희와 새봄의 아파트 내부 / 거실 / 밤

편지를 들고 집에 온 윤희, 귤 까먹고 있는 새봄

C#01

새봄 F.S. 아주 미세한 Handheld

소파에 양반다리하고 앉아 귤 까먹으며
노트북으로 유튜브를 보고 있는 새봄.
윤희 들어온다. 새봄 스페이스바 눌러 화면
정지시킨다.

C#02

새봄, 윤희 F.S. 아주 미세한 Handheld

윤희 들어온다. 새봄 스페이스바 눌러 화면
정지시킨다.

새봄   (입안에 든 귤을 씹다 말고, 들어오는 윤
         희를 보며) 엄마 왔어?
윤희   응!

윤희, 바로 자기 방문 열고 들어가 방문 닫는다.

C#03

새봄 B.S. 아주 미세한 Handheld

닫힌 윤희 방문 쪽을 보며 다시 귤을 씹기 시작하는
새봄.

감독 노트

전후 맥락: 앞 신에서 윤희는 우편함에서 준으로부터 온 편지를 발견했다. 엘리베이터를 타고 올라와 집으로 들어오고 있다.

연출 포인트: 1) 윤희: 윤희는 새봄을 보지도 못한다. 얼른 편지를 들고 숨고 싶다. 앞 신과 이어지는 상황이라는 것을 염두에 두어야 한다. 문을 닫을 때 쾅 닫지 않는다. 여기에서 윤희의 성격이 보일 것 같다. 2) 새봄: 귤 씹기를 멈추고 있다가 다시 귤을 씹을 때의 표정. 시선은 윤희의 방쪽으로 향해 있어야 한다. 소리를 내지 않고 조용히 씹는데, 얼굴은 가만히 있고 턱만 움직이는 느낌.

현장 이야기

제작팀

● 편집 단계에서 거의 마지막까지 살려두었으나 결국 삭제. 침대 신(S#27)으로 윤희와 새봄의 감정적인 부분을 전달하기로. 그러나 이 신이 주는 명확함이 있어서 삭제된 것이 아쉬웠다. 새봄이가 도로 넣어둔 편지를 엄마가 봤는지 귤을 까먹으면서 '확인'하는 장면이었기 때문. 김소혜 배우가 오디션 때 귤을 까먹으면서 연기했던 것이 인상 깊었다.

S#22

C#01

윤희, 차 안 인물이 보이는 F.S. Handheld

통근 차량이 정차돼 있고, 문이 열려 있다.
생각에 잠긴 윤희, 걱정스럽다는 듯 쳐다보는 옥화.

옥화   무얼 하오?
운전자   안 타요?

손목을 주무르기 시작하는 윤희.

윤희의 동료1   미쳤나봐.
운전자   아이씨… 그냥 갑니다?
윤희의 동료2   아 그냥 가요!

옥화 옆쪽의 윤희의 동료2, 차문을 닫아버린다.

C#02

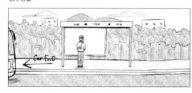

손목 주무르는 윤희 정면 F.S. Handheld
→ 차 FR. Out

통근 차량 지나가면, 남아 있는 윤희, 계속 손목을
주무르고 있다.

감독 노트

전후 맥락: 어젯밤 윤희는 준이 보낸 편지를 읽었다. 그 편지를 읽고 화살을 자신에게로 쏘고 있다. 이 편지가 일깨운 것은 결국 잃어버렸던 자기 자신이다.

연출 포인트: 1) 윤희: 그동안 어차피 마음을 두지 않고 살았던 일상. 언제든 이런 날이 찾아올 거라고 생각했다. 지금 자신이 위태롭게 유지하고 있는 것들을 처음으로 손에서 놓게 되는 순간이다. 윤희에게 카오스가 찾아왔다. 이때 윤희가 어떤 표정을 지어야 할까. 아무것도 없는 텅 빈 얼굴. 승합차가 출발할 때도 전혀 보지 말아야 한다. 2) 윤희 분장을 이 신에서 가장 초췌하게. 밤새 잠을 자지 못했다. C#01에서 차 시동 끌 것.

현장 이야기

연출팀

- 한국에서 김희애 배우의 첫 촬영 장면. 김희애 배우 처음 보자마자 '와, 윤희다'라는 생각을 했던 장면. 뭉클했다.

- 초반 한국 분량에서의 윤희는 타성에 젖어 사는 인물임을 보여주기 위해 노력했다. 윤희의 화장은 매트한 느낌으로, 머리는 묶었지만 정돈되지 않은 모습으로 준비했다. 윤희가 여행을 가면서 조금씩 혈색을 띠는 모습을 보여주기로.

S#23

C#01

윤희 뒷모습 뒤에서 따라가며 Handheld

윤희, 생각에 잠겨 걷고 있다.
윤희의 정신을 깨우는 기차 지나가는 소리.
윤희 옆으로 기차가 빨리 지나간다.
멈춰 서서 주변을 둘러본다.
여기가 어딘지 모르겠다.

감독 노트

전후 맥락: 어젯밤 윤희는 준이 보낸 편지를 읽었다. 앞 신에서 출근도 안 했다. 다짜고짜 어딘가를 향해 걸었다. 걸으면서 내내 많은 생각을 했다. 그 생각은 대부분 자기 자신을 향해 던지는 화살이나 다름없는 생각이었다. 그런데, 여기가 어디지?

연출 포인트: 걸음의 속도가 빠르진 않다. 자신을 포함한 모든 것이 새삼 낯설게 느껴진다.

———
현장 이야기

제작팀

- 오타루라는 도시는 항구도시이면서 눈이 많이 내리고, 기차가 다니는 도시. 이런 특징을 가진 한국의 도시를 찾기 시작했다. 처음엔 강릉을 생각했는데, 나중에는 다른 것보다 '기차' 중심으로 가자고 결정.

- 이 영화에서 보기 드물게 핸드헬드로 촬영한 신이다. 기차의 굉음과 윤희의 심란함이 부딪히면서 윤희에게 일어나는 미세한 균열을 담고자 했다.

연출팀

- 따로 CG(컴퓨터그래픽) 계획이 없어서 기차의 타이밍을 설정하는 데 하루를 보냈다. 기차 종류에 따른 타이밍과 속도를 분석해 타임 테이블을 만들었다. 세 번의 기회 중 두번째에 성공. 팀끼리 성공할 수 있을 거란 확신이 있었다. 타이밍도 중요했지만 기차의 종류도 중요했다. KTX도 안 되고, 기차의 색 계열까지 고려. 현장에서 경이로웠던 장면이다. 그 타이밍에 본 김희애 배우의 옆모습이 정말 좋았다.

한국 / 새봄의 고등학교 내부 / 교실 / 낮

기분이 안 좋은 새봄에게 '찢어진' 장갑을 선물하는 경수

C#01

엎드린 새봄, 경수 FR. In F.S.

새봄, 책상에 엎드려 있다. 새봄의 앞자리로 와서 앉는 경수, 검지로 새봄의 어깨를 톡톡 두드린다.

경수	야, 박새봄.
새봄	(엎드린 채로) 니네 반 가서 놀아.
경수	(새봄의 어깨를 몇 번 두드리며) 나 이제 누나 차 돼. 드라이브 갈래?
새봄	오늘은 안 돼.
경수	아, 왜… (새봄의 어깨를 한 번 더 톡 두드리며) 야.
새봄	그냥 가…
경수	무슨 일인데.

C#02

새봄, 경수 새봄 앞자리에 앉는다. 2S Master

미동도 하지 않는 새봄, 새봄을 걱정스럽게 바라보는 경수. 새봄의 뒷목 위에 찢어진 장갑을 올려놓는다. 엉성하지만 촘촘하게 꿰매져 있는 장갑.

경수	이거 내가 리폼한 거야. 크리스마스 선물. (사이) 좀 괜찮아지면 연락해.

감독 노트

전후 맥락: 어제 오후 새봄은 우편함에 준의 편지를 다시 넣어두었고, 어젯밤 엄마가 드디어 준의 편지를 읽었다는 것을 알게 되었다. 학교에 왔는데 어쩐지 생각이 많고 기분이 좋지 않다. 요즘 문득 엄마 생각을 부쩍 많이 한다. 왠지 울 것 같아서 혹시 몰라 엎드리고 있다. 다른 사람들에게 들키기 싫다. 이런 모습은 경수한테도 보여주고 싶지 않다.

연출 포인트: 1) 새봄: 새봄 목소리에 힘이 없었으면. 새봄은 지금 그냥 자기만의 세계로 빠져들고 싶다. 2) 경수: 경수는 서운하지 않다. 순수하게 새봄이 걱정만 한다. 어차피 새봄이가 이런 상태에 빠지면 자신이 꺼내줄 수 없다는 것도 알고 있다. 조신하게 가만히 기다려줘야지. 3) 갈라져서 들어오는 빛. 창문 너머 엑스트라. 앵글 안에 걸리는 엑스트라. 쉬는 시간 분위기.

S#25

C#01

쪼그려 앉아 우는 새봄, 먼 H.A.

서럽게 눈물을 흘린다.

C#02

쪼그려 앉아 우는 새봄 더 가까운 F.S.

눈물이 날 때마다 옷소매로 콕콕 닦아낸다.
쉬는 시간이 끝나는 종이 울리지만 새봄은 계속
쪼그려 앉아 운다.

감독 노트

전후 맥락: 앞 신에서 새봄은 혹시 울까봐 엎드려 있었다. 경수가 장갑을 주고 갔다.

연출 포인트: 1) 새봄이 우는 감정은 착한 눈물이 아니다. 숨을 거칠게 쉬면서 어떻게
든 울지 않으려고 발악하는 것처럼 보였으면.

C#01

노랗게 물든 새봄 손 C.U.

귤의 겉면에 남아 있는 하얀 껍질을 마저 뜯고 있는 새봄의 손. 귤은 하얀 껍질이 거의 없는 깨끗한 주황이다.

C#02

새봄 W.S.

식탁에 앉아 귤껍질을 뜯으며 설거지하는 윤희의 뒷모습을 뚫어져라 보고 있다.

새봄   엄마. 나 알밥 언제 해줄 거야?
윤희   (잠시 멈칫하며) 엄마가 일 갔다 오면 정신이 안 드네. 미안.
새봄   알았어.

사이.

C#03

윤희 뒷모습 W.S. (새봄 P.O.V.)

새봄   엄마 어렸을 때 인기 많았다며? 삼촌이 그러더라?
윤희   또 삼촌한테 갔었니?
새봄   삼촌이 내 필름 공짜로 현상해주잖아.
윤희   다른 데 가서 돈 주고 해, 자꾸 신세지지 말고. 그거 다 빚이야.
새봄   알았어.

사이.

S#26

C#04

윤희 옆모습 W.S.

새봄	엄마. 엄마는 뭣 땜에 살아?
윤희	(새봄 쪽을 보며) 얘가 오늘 왜 이래?
새봄	그냥, 궁금해서.
윤희	(다시 몸을 돌리며) 뭣 땜에 살아… 자식 땜에 살지.
새봄	(사이) 나는 내가 뭣 땜에 사는지 모르겠 거든. 그래서 철학과 가려고.
윤희	철학과?
새봄	응.
윤희	(사이) 그렇게 해.
새봄	말려야 되는 거 아냐? 아니 뭐, 취직에 도움이 되는 학과로 가라든지… 그런 얘 기 나오는 게 정상 아냐? 우리 사정에?
윤희	네가 하고 싶은 공부가 있다는데 엄마 가 무슨 수로 말려.
새봄	알았어. 근데 엄마 이제 나 때문에 안 살 아도 돼. 나 이제 서울로 대학 가면 여 기 자주 안 올 거야.

C#05

윤희의 뒷모습을 보는 새봄 옆모습 W.S. Master

윤희	(사이) 너는 무슨 말을 그렇게 섭섭하게 해.
새봄	나 자꾸 신세지게 만들지 마. 그거 다 빚 이야.

윤희, 수도를 잠그고 설거지를 멈춘다. 화를 참으며 습관적으로 손을 주무른다.
새봄, 껍질을 깐 귤 한 개를 반으로 쪼개어 입에 넣 고 씹으며 윤희의 뒷모습을 본다.

전후 맥락: 새봄은 오늘 학교에서 한바탕 울었다. 오늘 밤에 엄마 앞에서 허심탄회하게 다 말해버려야겠다고 마음먹었다. 그런데 밥을 먹으면서 차마 무슨 얘기부터 꺼내야 할지 몰라 머릿속만 복잡하다. 윤희는 오늘 쉬는 날. 직장에 나가지 않았다. 새봄과 윤희는 함께 저녁을 먹으면서 한 마디도 나누지 못했다. 머릿속이 복잡하다.

연출 포인트: 1) 새봄은 에라, 모르겠다 싶다. 그냥 부딪혀보는 것. 답답해서 못 참겠다. 머릿속에 있던 생각들이 정리가 안 된 상태로 마구 산발적으로 튀어나오는. 엄마를 일부러 자극하려는 것은 아니다. 엄마와 대화를 하고 싶었을 뿐이다. 2) 엄마의 뒷모습을 보는 것에 익숙한 새봄. 엄마를 노려보는 느낌이었으면. 오늘 제대로 마음을 먹었다는 표정. 3) "알았어"라고 말해놓고 마음이 풀리지 않는다. 오늘 마음이 풀릴 때까지 돌진해볼 생각이다. 4) 윤희는 새봄 앞에서 자신은 엄마이고, 가능한 아무 일도 없었던 것처럼 보일 작정이다. 하지만 그렇다고 마냥 의연해 보이진 않을 것. 쉽게 말해 윤희는 지쳐 있다. 다가오는 말을 쳐낼 수 있을 정도로 건강한 정신의 상태가 아니다.

―――――
현장 이야기

연출팀

● 대본에서 두 모녀의 대화에서 빠지지 않는 것이 '알밥'이었다. 새봄이 엄마한테 무언가 해달라고 하는 유일한 요청이었다고 생각. 그래서 더 아쉽다. 임대형 감독이 '알밥'에 대한 묘사를 굉장히 디테일하게 했던 것이 인상 깊었다. 예를 들어 김치를 잘게 자르고, 단무지를 쫑쫑 썰고 등등. 이때 새봄은 윤희를 계속 바라보는데, 윤희는 새봄을 바라보지 않는 모습을 중심으로 연출하고자 했다. 새봄은 엄마한테 뭔가 하고 싶다고 이야기와 제안을 하는데, 윤희는 계속 지쳐 있는 인물이다. 새봄의 입장에서 보면 안타까운 마음이 드는 장면.

C#01

침대에 앉아 만화책 읽는 척하는 새봄.
엄마의 뒷모습을 본다. F.S.

C#02

화장대에 앉아서 머리카락을 말리는 윤희 K.S.

새봄	엄마. 아빠 여친 생긴 거 알아?!
윤희	(사이)
새봄	엄마!
윤희	(헤어드라이어를 끄고) 뭐?
새봄	아빠 여친 생긴 거 아니고.
윤희	(사이) 잘됐네.
새봄	엄마도 이참에 확 연애해버려. 억울하잖아. 엄마 아직 괜찮아.
윤희	너 오늘 무슨 일 있었니?
새봄	(사이) 아, 겨울인데 왜 이렇게 눈이 안 오냐?
윤희	(?) 뭐?
새봄	엄마, 우리 해외여행 갈까? (사이) 눈 많이 오는 데로.
윤희	(무슨 생각 끝에 헤어드라이어를 켠다)
새봄	친구들 얘기 들어보니까, 다들 대학 가기 전에 엄마랑 해외여행 간대! 솔직히 우리도 그 정도는 갈 수 있잖아! 나 그동안 아빠한테 받은 돈 좀 모아뒀어!

윤희, 멍하니 헤어드라이어를 켠 채로 들고 있다.
새봄, 만화책을 확 덮고, 침대에서 일어나 윤희의
앞으로 간다.

C#03

새봄, 윤희 측면 2S

새봄, 윤희 옆에 와 선다. 윤희의 헤어드라이어를 끈다.

새봄   엄마 나 왜 낳았어? (사이) 나 생겼을 때 그냥 지워버리지.

윤희   (가만히 앉아 있지만 불안정해지는 호흡)

새봄   내가 나쁘게 말해서 화나? 근데 왜 그렇게 참고 있어? 안 답답해?

윤희   (점점 숨이 가빠지고 얼굴이 빨개진다)

새봄   왜 사람들이 다 엄마를 떠나는지 알아? 엄마는 사람들을 외롭게 하거든.

사이.

윤희   (돌연 버럭! 소리 지르는) 그래! 네 말이 다 맞아!

거울 속의 윤희, 입술을 파르르 떨며 앉아 있다가, 일어나서 방문 밖으로 나가버린다.

C#04

TOP 거울 속 윤희, 입술을 파르르 떨며 앉아 있다가 → FR. Out

END 침대에 걸터앉는 새봄, 어안이 벙벙하다. 멀리서 닫히는 방문 소리.

감독 노트

전후 맥락: 앞 신에서 새봄은 윤희에게 그동안 마음속에 있던 말들을 정리하지 않고 쏟아내버렸다. 하지만 여전히 속 시원하지가 않다. 윤희는 앞 신에서 새봄이 도발을 해오는 것을 무사히 참고 넘겼다고 생각했지만 그렇지 못하다. 윤희가 무너지는 포인트가 있다면 이 신일 것이다. 1) 윤희: 새봄의 "눈 많이 오는 데로" 라는 말을 듣고 조금 텀이 필요하다. 이때 윤희는 새봄이 편지를 읽었다는 것을 알았을 것이다. 머리가 하얗다. 2) "엄마 나 왜 낳았어? 나 생겼을 때 그냥 지워버리지." 윤희는 이 말을 듣고 내면의 무언가가 급격하게 꺾였을 것이다. 새봄 때문에 살고 있다고 생각했는데, 그것은 그냥 핑계였을까? "그래! 네 말이 다 맞아!" 하고 폭발할 때까지 윤희는 사색이 되어야 한다. 윤희는 급격한 감정의 소용돌이 속에 있을 때 이렇게 호흡이 불안정해진다. 보통 여기서 그치고 마는데, 오늘은 더 나아갈 수밖에 없었다. 3) 새봄은 사실 오늘 엄마에게 일본에 여행을 가자고까지 할 생각이 없었다. 오늘은 댐이 열린 날이니 끝까지 가보겠다고 마음먹은 것이다. 자꾸 자신의 손을 놓으려는 엄마의 손을 놓치기 싫어서 간절하게 손을 더 꽉 쥐게 되는 느낌이랄까. 4) 새봄은 엄마가 이렇게까지 큰 목소리를 내는 것을 한번도 본 적이 없다. 충격이다. '내가 모든 걸 다 망쳐버린 걸까?' '나는 왜 이럴까? 엄마에게 상처만 되는 존재구나.'

────────
현장 이야기

제작팀
- 편집 과정에서 초반 한국 촬영 분량을 제일 많이 덜어냈는데, 이 장면도 그 과정에서 아쉽게 삭제된 장면이다. 실제로 한국 분량은 촬영한 것의 30%만 살려낸 정도.

연출팀
- 윤희가 내지르며 분출하는 버전과 담담하게 말하는 버전의 촬영이 있었다.

- 새봄이 읽고 있는 만화는 'H2'. 이는 인호가 먹는 '스카치 캔디'처럼 감독 취향. 새봄이가 활동적이고 스포츠 매니아였다는 설정.

S#28

C#01

방문 앞에 앉아 있는 새봄 (윤희 방을 배경으로)

거실 텔레비전 화면에서 작은 볼륨으로 성탄절 관련 뉴스가 나오고 있다. 새봄, 자신의 방문 앞에 몸을 말고 앉아 있다.

새봄   여기 내 방이야, 나와…

무릎과 무릎 사이에 얼굴을 파묻는 새봄.

감독 노트

전후 맥락: 윤희는 새봄에게 폭발한 이후로 새봄의 방에서 문을 걸어 잠그고 나오지 않고 있다. 아마도 윤희는 소리 없이 울고 있을 것이다. 새봄: 1) 울지는 않을 것 같다. 막막하고 참담한 심정. 익숙한 외로움. 버려진 느낌. 2) "여기 내 방이야, 나와…": 사실 하고 싶은 말은 '엄마 미안해.' '나와서 나랑 얘기 좀 해줘.' 대사 볼륨은 방 안에 있는 엄마에게 들릴 정도로만.

C#01

바람에 흔들리는 버티컬 INSERT

C#02

거실 소파에 기대 앉아 있는 윤희 F.S.

윤희는 소파 앞에 앉아 사진 앨범을 한 장 한 장 넘
겨보고 있다. 앨범을 넘기다가 멈추는 윤희, 앨범의
한 면에 시선을 고정한다.

C#03

앨범을 만지는 윤희의 손 C.U.

한 면 가득한 한 줌의 옛 사진들. 그 사진들 중에 비
어 있는 사진 한 장의 자리가 유독 눈에 띈다. 사각
형 얼룩을 만지는 윤희의 손.

감독 노트

전후 맥락: 어젯밤 윤희는 새봄 때문에 폭발해버렸다. 다음날 아침이다. 윤희는 오늘 출근을 하지 않았다. 아침에 일어나자마자 편지를 다시 읽었다. 윤희에게 있어 이 편지는 자신이 지금까지 가까스로 일궈온 삶에 대한 도전이기도 하고, 동시에 탈출구이기도 하다. 자신을 가둬둔 견고한 벽에 아주 작게나마 구멍이 뚫린 것이다. 윤희는 이날 준에게 답장을 썼을 것이다. 편지를 읽어본 다음 앨범을 열어봤다. 오랫동안 열어보지 않았던 앨범이다. 앨범 속 준의 사진들은 모두 윤희가 찍어준 사진들이다. 그런데 있어야 할 사진 한 장이 없다. 역시 새봄의 짓일까? 사진 한 장이 비어 있는 것을 본 윤희의 표정은 미세한 범위 내에서의 반응이어야 한다.

현장 이야기

연출팀

- 거실 소파 주변을 자세히 보면 남편 인호의 흔적이 보인다. 예를 들어 바둑알이라든가 하는.

- 윤희와 인호가 신혼부터 살았던 집이고, 지금은 이혼 후 윤희와 새봄만 살고 있는 집. 삶 자체가 피폐해진 윤희가 이런 것들에 대해 별로 신경 쓰고 있지 않기 때문에 인호의 흔적이 남아 있다는 콘셉트. 윤희는 그만큼 힘든 삶을 살았을 거라고.

- '실팔찌'는 미술 감독 아이디어. 어렸을 때 준하고 윤희가 나눠가졌다는 설정으로. 준 사진으로 나카무라 유코 배우의 실제 어린 시절 사진도 검토했으나, 한국에서 자랐다는 느낌이 나지 않았다. 결국 닮은 배우를 찾아 콘셉트 사진을 찍기로. 아이폰에서 나카무라 유코 배우의 사진과 오진주 배우의 사진이 동일 인물로 인식되었다는 감독의 연락을 받아 기뻤고 그래서 더욱 애정이 가는 신이다.

오진주 배우의 쥰의 어린 시절 콘셉트 사진. 배우와 스태프가 모래내 시장에서 몇 벌의 옷을 갈아입으며 필름 카메라로 직접 촬영한 것이다.

S#33

C#01

정렬된 구내식당 L.S.

C#02

윤희, 세현 측면 F.S.

세현	언니 요즘 무슨 일 있어요?
윤희	아니.
세현	근데 왜 그래요… 걱정되게.
윤희	영양사님. 나 혹시 올해 못 쓴 휴가 좀 쓸 수 있을까?
세현	언니 휴가 벌써 썼는데?
윤희	(?) 내가?
세현	네. 저번에 언니 무단결근하신 거. 그거 제가 휴가 처리했어요.
윤희	(사이) 그거 하루밖에 안 되잖아.
세현	그때 언니가 빵꾸낸 거, 김여사님이 때우셨어요. 김여사님 몇 주째 하루도 못 쉬고 계신 거 아시죠?

C#03

윤희 O.S. 세현

C#04

세현 O.S. 윤희 (→ 윤희 FR. Out)

윤희	(사이)
세현	안 되는데? 저만 곤란해지는 거 아시잖아요… 빵꾸 누가 채우라고
윤희	어떻게 안 될까?
세현	(헛웃음 내뱉으며) 나 진짜 언니한테 배신감 느끼려고 해. 왜 이렇게 책임감이 없어요…
윤희	(발끈해서 세현을 노려본다)
세현	그래요, 그럼. 쉬세요. 근데 저 그동안 언니 자리 못 맡아드려요.
윤희	무슨 말이야, 그게?
세현	언니 못 기다려드린다고요. 저 그런 힘까지는 없어요.
윤희	(사이) 그래.
세현	네?
윤희	기다리지 마!

구내식당 밖으로 나가버리는 윤희.

C#05

정렬된 구내식당 L.S. → 윤희 FR. Out

윤희   기다리지 마!

구내식당 밖으로 나가버리는 윤희.
당황한 채로 그런 윤희를 지켜보는 세현.

감독 노트

전후 맥락: 앞 신에서 영양사 세현이 윤희에게 왔고, 윤희는 용기를 내 그동안 차마 하지 못했던 휴가를 쓰겠다는 말을 꺼내는 상황. 영양사 세현은 이런 식으로 조리원들을 구슬러서 일을 해왔다. 윤희와는 관계가 어느 정도 있어 보이지만, 사실 그렇게 친한 사이는 아니다. 필요할 때마다 친한 척을 해서 상대방으로 하여금 사적으로 친하다고 느끼게 만들고, 그러한 사적인 친분을 이용하여 일을 편하게 하려는 것. 다만 본인은 자기 나름대로의 규칙이 있고, 그 규칙을 강제할 당위가 있어서 거리낌이 없다. 윤희 : 1) 세현의 "왜 이렇게 책임감이 없어요…" 대사 이후 반응은 윤희가 새봄에게 독설을 들었을 때, 새봄 때문에 스트레스를 받았을 때 등 급격한 감정의 파동이 일었을 때의 반응과 같았으면 좋겠다. 심장이 두근거리면서 호흡이 가빠지고 불규칙적으로 변한다. 보통은 감정이 밀려오더라도 그쯤에서 끝났겠지만, 오늘은 다르다. 2) "기다리지 마!"는 윤희의 변화를 보여줄 수 있는 대사다. 윤희는 편지를 받은 이후로 평소 의식적으로 하지 않으려던 생각을 해버렸다. 어쩌다 이렇게 나이가 들어버렸는지, 자기 삶이 어디에 있고 어디로 가고 있는지에 대해 고민하다보니 가까스로 유지하고 있던 삶에 환멸을 느꼈고, 일종의 배신감을 느꼈다. 윤희는 누군가에게 이렇게 쏘아붙이는 것에 익숙하지 않다. 새봄의 나이 때는 이런 모습이었을 수 있다. 원래 이러한 모습이 자연스러운 사람이었다. 하지만 지금은 변했다. 그래서 쏘아붙인 이후 어떻게 해야 할지 모르겠다. 내가 이렇게도 할 수 있는 사람이라니! 자기 자신에게도 놀랐을 것.

현장 이야기

연출팀

● 세현의 흡연 설정은 처음엔 일반 담배를 피운다는 설정이었으나, 감독이 현장에서 전자담배로 바꾸자고 제안했다. 세현이 들고 있는 전자담배는 조감독의 전자담배다.

● 이 영화를 기획할 때 이 신에 대해 애착이 강했다. '중년의 여성이, 입고 있는 근무복을 벗고 공장을 뛰쳐나간다'는 이미지에서 시작된 장면. 이 신에서 윤희의 모든 행동을 강조했다.

제작팀

● 둘이 이야기를 나누는 곳은 건물 뒤의 후미진 공간. 실내 버전과 실외 후미진 곳 버전이 있었는데, 현장의 공터가 담배 피우면서 이야기하기에 재미있어 보였다.

S#35

C#01

TOP
공장 앞 ~ 공장 대문 밖으로 나가는 윤희 정면
앞에서 따라가며 Handheld

윤희, 공장 대문을 걸어나온다.
잠시 멈췄다가

END
공장 앞 ~ 공장 대문 밖으로 나가는 윤희 정면
앞에서 따라가며 Handheld

다시 걷는다.

C#02

Cut to
공장으로부터 점점 멀어지는 윤희 정면 B.S.
앞에서 따라가며 Handheld

카메라 한동안 윤희를 집요하게 따라나온다.
그때 윤희의 뒤쪽 멀리에서 기차가 지나간다.
윤희, 표정 없는 얼굴에 살며시 미소가 지어진다.
갑작스럽게 블랙 아웃.

화면 블랙 상태로 염불 외는 소리가 가까워진다.

준 목소리   윤희에게.

전후 맥락: 앞 신에서 영양사에게 기다리지 말라고 쏘아붙였다. 그러고는 충동적으로 사물함에서 자기 짐을 챙겨 나왔다.

연출 포인트: 세 부분으로 나눠서 찍는다. 1) 공장 내부에서 공장 현관 앞까지. 2) 공장 앞에서 조금 멀리까지. 3) 윤희는 계속 걸어나오고, 멀리에는 공장이 있고, 기차가 지나간다. 윤희: 1) 첫번째: 공장을 빠져나오는 걸음에 망설임이 없었으면(듀레이션: 20초). 2) 두번째: 공장을 빠져나오는 윤희의 얼굴은 계속 멍할 수도 / 결의에 찬 것처럼 보일 수도 있다. 열 걸음 정도 걷다가 한 번 멈춘다. 3초 세고, 다시 걷는다. (멈췄을 때의 심리: 나 이래도 될까? 싶지만 이미 늦어버렸고, 되돌릴 수 없다고 생각.) 마지막에 미소를 지을 때 그간의 표정과 대비가 되기 위해서는 표정을 최대한 쓰지 않아야 한다. 걸음에는 계속 망설임이 없다. 공장에서 벗어나는 걸음이 마치 그간 묶여 있던 이 고향, 혹은 부모님, 오빠의 억압으로부터 벗어나보겠다는 결의처럼 보였으면(30초). 3) 세번째: 이 지점에서 윤희의 굳은 얼굴에 미소가 지어져야 한다. 관객들은 S#35까지 그간 윤희에게서 이런 미소를 본 적이 없다. 입에서부터 천천히 풀어지는 얼굴 근육(30초).

현장 이야기

연출팀

- 윤희가 나갈 때 뒷배경에 잡히는 엑스트라의 연기가 정말 좋았다. 엑스트라가 파란 방수포를 펼쳐 무언가를 덮는 연기가 너무 자연스러워서 볼 때마다 감탄하는. 이는 현장의 상황에 맞춰 제안했던 장면. 사실 방수포는 사전에 협의되지 않았던 부분인데, 제작팀에서 새로 섭외해 만들어진 장면이었다.

S#36

C#01

F.I.
묘비 앞 한 무리의 사람들. 스님이 염불을 외고 있다. F.S.

쥰 목소리 잘 지내니? 오랫동안 이렇게 묻고 싶었어. 너는 나를 잊었을 수도 있겠지? 벌써 이십 년이 지났으니까.

C#02

쥰, 마사코 W.S.
쥰과 마사코, 묘비 앞에 나란히 서 있다.
표정 없이 묘비를 보고 있는 쥰.
쥰의 옆에 꼭 붙어 서서 묘비를 보고 있는 마사코

쥰 목소리 갑자기 너한테 내 소식을 전하고 싶었나봐. 살다보면 그럴 때가 있지 않니? 뭐든 더 이상 참을 수 없어질 때가.

C#03

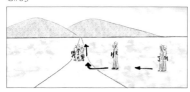

Cut to
묘지 L.S.
마사코, 쥰을 포함한 검은색 옷을 입은 무리가 이동 중이다. 스님을 포함한 일행은 한참 앞에 있다.

쥰 목소리 우리 부모님 기억해? 자주 다투던 두 분은 내가 스무살 때 결국 이혼하셨어.
엄마는 한국에 남았고, 나는 아빠를 따라서 일본으로 왔어.

C#04

TOP 히로미, 류스케 FR. Out,
멀리서 걸어오고 있는 쥰, 마사코

END 나란히 걷는 마사코, 쥰

마사코	다 끝났네.
쥰	응.
마사코	네 엄마는 한번 와본다더니.
쥰	(사이) 엄마랑 연락했어?
마사코	응. 아무래도 남편 눈치가 좀 보이나봐. 멀리까지 오려면 힘들겠지.
쥰	(사이)
마사코	아. 혹시라도 못 오게 되면 미안하다고 전해달랬다. 너한테.
쥰	(힘없이 실소하며) 고마워, 고모
마사코	정말이야.

C#05

TOP 히로미와 류스케 걷다 말고 돌아서서 쥰을 노려본다. 히로미를 의아해하며 덩달아 돌아서는 류스케. 2S F.S.
END 히로미와 류스케의 앞으로 걸어오는 마사코와 쥰. 4S F.S.

S#36

C#06

히로미 O.S. 마사코, 준

히로미	(준을 노려보며) 여기서 한국이 그렇게 머니?
준	(사이)
류스케	(히로미를 달래려 하며) 왜 그래, 엄마… 멀어…
히로미	(류스케를 노려보고는 다시 준을 보며) 나 같으면 궁금해서라도 한번 와보겠네. (마사코를 향해) 언니, 얘도 여기 억지로 데려온 거 아니지?
마사코	(다그치는) 히로미.

류스케에게 끌려가다시피 하는 히로미.

히로미	왜!
류스케	(마사코와 준을 향해 차 키를 흔들어 보이며) 먼저 내려갈게요!

C#07

마사코 O.S. 히로미, 류스케 → 히로미, 류스케 FR. Out

남겨진 마사코와 준. 머리가 아픈지 손으로 이마 짚는 준.

마사코	왜 그래? 또 두통이니?
준	(고개를 끄덕인다)

C#08

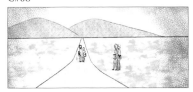

	마사코, 준 L.S. (C#03과는 다른 각도의 L.S.)
준 목소리	일본에 온 뒤로 아빠는 나를 고모한테 보냈어. 가끔 아빠랑은 통화를 하곤 했는데, 이젠 그마저 불가능한 일이 돼버렸어. 얼마 전에 돌아가셨거든.

멀리서 보이는 마사코와 준. 일행 모두 이동 중인데 마사코와 준만 멈춰 서 있다.

감독 노트

전후 맥락: 쥰의 이야기가 시작되었다. 쥰이 아버지를 묘에 안장하고 집으로 돌아와 윤희에게 편지를 쓰게 될 때까지의 여정이 시작된 것이다. 이 신은 납골묘에서 쥰, 마사코, 류스케, 하루오, 히로미, 스님, 하루오의 친구 두 명이 하루오를 안장하고 마지막 절차를 하고 있다는 설정이다. 쥰의 어머니는 하루오와 이혼한 뒤 한국에서 재혼을 했고, 하루오의 장례식에도 참석하지 못했다.

연출 포인트: 1) 내레이션 듀레이션 확보할 것. 롱숏에서 내레이션 듀레이션 18초 이상 확보해서 동선 보여줄 것. 2) 아무래도 장례 절차를 하고 있는 신이기 때문에 전체적으로 차분하고 뭔가 깔려 있는 분위기였으면. 배우들의 연기톤 역시 마찬가지다. 엑스트라 남성 두 명은 무심하고 이 장례 절차와 관련 없는 사람인 것처럼. 표정은 류스케와 히로미가 주로 쓰는데, 또 지나치게 과장되지 않았으면. 3) 묘비를 보는 마사코의 표정은 안쓰러운 어떤 것을 보고 있는 표정이었으면. 마사코는 강한 사람이다. 울었더라도 이미 혼자 있을 때 다 울었을 것이다. 묘비를 보다가 쥰을 보지 않고 등에 손만 얹어서 쓰다듬는다. 4) 히로미는 쥰의 어머니가 장례 절차를 진행하는 동안 한 번도 오지 않은 것에 대해 불만을 갖고 있기에 쥰에게 날카로운 어조로 말한다. 마사코를 제외한 아버지의 가족들이 평소 쥰을 어떻게 대해왔는지 히로미를 통해 단적으로 알 수 있다.

―――――――
현장 이야기

제작팀

● 일본 크랭크인. 첫 촬영이었다. 눈이 정말 많이 내렸고, 캐노피가 날아갔던 기억이 난다. 122-123쪽 사진에 보이는 스태프 및 배우가 이동하는 길은 모두 스태프가 직접 눈을 치워 만들어낸 길이다. 해당 촬영지로 이동하는 도로도 제설차를 동원할 만큼 어마어마한 눈이 내렸다.

연출팀

● '오타루의 날씨는 변덕스럽다'는 말을 몸소 체험했을 만큼 변덕스러웠다. 도착했을 때 맑았다가, 중간에 눈이 오다 말고, 다시 내려올 때는 진눈깨비가 내렸다. 이 신만큼은 첫 촬영이 아니길 간절히 바라기도. 편집할 때 '눈 연결을 어떻게 하지?' 고민했다.

S#41A

C#01

담배 피우는 쥰, 류스케 F.S.
좁은 도로에서 비상등을 켜놓고 멈춰 있는 류스케
의 차. 류스케와 쥰, 밖에서 담배를 피우고 있다.

C#02

류스케 O.S. 쥰, 대사 후 쥰은 차 안으로 들어간다.
따라 들어가는 류스케.

류스케	쥰짱은 일본에서 사는 거 힘들지 않아?
쥰	(사이) 무슨 뜻이야?
류스케	쥰짱은 어렸을 때 한국에서 살았잖아. 나라면 한국이 그리울 것 같아.
쥰	글쎄. 일본에서 산 지 이십 년도 넘었는데 뭘.
류스케	쥰짱은 왜 결혼 안 해?
쥰	(류스케를 한번 쳐다보고 만다)
류스케	혹시 괜찮으면, 한국 남자 소개시켜줄까? 내가 진짜 괜찮은 사람을 한 명 알아.

쥰, 대답 없이 담배를 바닥에 쌓인 눈 위에 비벼 끄
고, 차 안으로 들어간다. 얼른 마저 피우고 따라 들
어가는 류스케.

S#41B

C#01

운전하는 류스케 측면 W.S.

C#02

류스케 O.S. 줌, 마사코

C#03

Cut to

류스케	부담 없이 한번 만나볼래?
줌	됐어. 자꾸 그러면 화낸다?
류스케	일본어도 되게 잘해. (주머니에서 폰 꺼내 뒷좌석의 줌에게 건네며) 내 사진 폴더 열어봐. 맨 첫번째에 그 남자 사진 있어. 한번 봐봐.

류스케의 폰을 확! 쳐내는 줌. 당황하는 류스케.
마사코, 자다 깨어 줌과 류스케를 보며 무슨 일인지
파악한다.

줌	됐다고 했잖아.

줌 C.U.

줌 목소리	참. 오래전에 결혼했다는 소식, 들었어. 늦었지만 축하하러 가지 못해서 미안해.

감독 노트

이 신에서 류스케의 대사들은 제 딴에는 준을 진심으로 위한다며 하는 말들. 류스케는 자신의 언행이 준에게 폐가 될 거라고 생각하지 못하는 인물. 오히려 '나는 이 정도로 준을 배려한다'고 생각한다. 그래서 준에게 한국 남자를 소개해준다고 말한다. 류스케의 말에 별 반응을 하지 않고 차갑게 구는 듯한 준의 반응을 류스케는 당연하다는 듯 받아들이고, 류스케는 준이 원래 그런 사람이라고 생각했을 것이다.

────────

현장 이야기

제작팀

● CG 작업 난이도가 높았던 신. 차가 움직이는 상태에서 창문 뒤로 눈이 흩날리는 CG였는데, 만족스럽게 나온 결과물이었다.

연출팀

● 매 컷마다 미술팀이 차에 쌓인 눈이나 창문에 묻어 있는 눈 등 눈과 관련된 모든 것들을 세심하게 준비해 현실감을 더했다.

● 류스케는 장난감 회사 직원이라는 설정. 차 트렁크에 상자가 찼을 때 어떤 느낌인지 상자의 단차를 달리하는 등 일본 스태프가 디테일하게 준비했다.

S#44

C#01

Master (쥰 FR.In → FR.Out)

집 앞으로 걸어들어오는 쥰. H.A. F.S.
(카메라: 쥰의 집 2층 창문 위치)
쥰, 집 앞에 서서 집을 올려다 보고 있다.

쥰 목소리　우리는 이십 년째 서로 외면하고 있는
　　　　　지도 몰라. 물론 나만 그런 것일 수도 있
　　　　　지. 그래. 나만의 착각이겠지.

C#02

쥰, 얼마간 그렇게 서 있다가, 몸을 돌려 어딘가로
걸어간다. 폰을 꺼내 어디론가 전화 거는 쥰.

쥰　　　여보세요. (웃으며) 바로 받아주시네요?
　　　　(사이) 혹시, 지금 뭐 하고 있어요?

'쥰의 동물병원' 콘셉트안

동물병원의 이름은 미도리노모리('초록 숲'이라는 뜻). 초록색 지붕과 통나무 벽 등 깔끔한 외관과 내부가 쥰과 어울린다. 앞에 나온 한국 공간의 콘셉트안과 달리, 일본은 콘셉트안을 모두 손으로 직접 그린다.

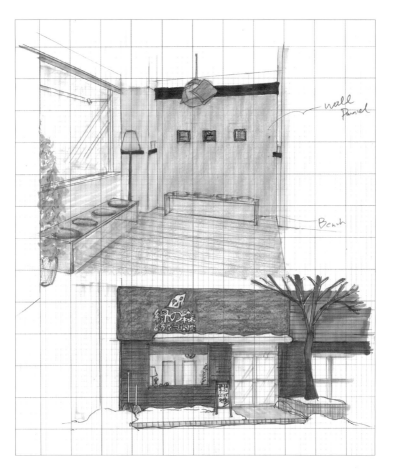

S#46

C#01

고양이 워루 F.S.
고양이 워루가 책상 위에 앉아 있다가
책상 위에서 뛰어내려와 어디론가 숨어버린다.

C#02

정수기 앞 쥰 M.S. → 쥰 FR. Out

료코	워루짱 이제 사료 먹을 수 있어요?
쥰	(끄덕이며) 네. 이제 며칠 있다가 퇴원해도 되겠어요.
료코	다행이네요…
쥰	네, 일찍 발견해서 다행이에요. 치아흡수성병변은 고양이들한테 정말 위험한 질병이거든요. 사진을 찍어보기 전에는 얼마나 진행이 됐는지 알 수 없기도 하고 (머그를 들고 정수기 앞을 떠난다)
료코	감사합니다.

C#03

대기 의자에 앉은 료코 M.S.

C#04

료코, 쥰 FR. In 2S

머그를 들고 료코의 옆으로 와서 앉는 쥰.

편하게 대화하는 쥰과 료코

C#05

료코 O.S. 쥰

료코   생명을 살리는 일을 한다는 건 정말 대
단해요. 선생님은 언제부터 수의사가
되고 싶으셨어요?

쥰   음… 홋카이도에 오고난 뒤부터?

료코   (사이) 왠지 사연이 있어 보여요

쥰   (피식) 아니에요. 이런 말 어떻게 들릴지
모르겠지만, 저는 그냥 성공하고 싶었
어요.

료코   네? 의외네요.

쥰   물론 수의사가 됐다고 해서 성공을 했
다는 건 아니지만… 뭐랄까… 홋카이도
에 오기 전에는 마음을 못 잡고 맨날 집
안에만 있었어요. 홋카이도에 온 뒤로
결심한 거죠. 이렇게 살지 말고, 뭐라도
하자.

료코   그랬군요…

쥰   제 목표는 그저 번듯해 보이는 직업을
갖는 거였어요.

료코   멋져요. 저도 선생님처럼 뭔가 강한 의
지 같은 게 있었으면 좋겠어요.

C#06

쥰 O.S. 료코

쥰   왜 자꾸 내 얘길 하고 있지…

료코   선생님 얘기 좋아해요

쥰   (사이) 고마워요. 들어줘서.

책상 위에서 뛰어내려와 어디론가 숨어버리는 워
루.

료코   참. 선생님 덕분에 이름을 참 잘 지은 것
같아요. 워루.

쥰   그래요?

료코   주인이 나타나면 언제라도 돌려주려고
했는데, 이제 이름까지 지어버려서 어
떡하죠?

쥰   (사이) 저렇게 예쁜 애를 누가 잃어버렸
을까요?

료코   (사이) 한국어로 달이 '워루'라고 하셨
죠? 맞나요?

쥰   제가 그랬나요?

료코   네.

S#46

C#07

쥰, 료코 F.S. (C#04와 동일한 사이즈)

쥰   맞아요 (얼른 화제 돌리는) 우리 워루한
         테 야식 줄까요? 워루 어디에 숨었을까
         나?

쥰 자리에서 일어나 워루를 찾기 시작한다.
료코, 쥰을 따라 함께 일어난다.
함께 고양이 워루를 찾기 시작하는 쥰과 료코.

C#08

동물병원 외부.

창밖에서 고양이 워루를 찾기 시작하는 쥰과 료코
F.S.

료코   워루짱…
쥰   워루?

감독 노트

준이 향한 곳은 자신이 운영하고 있는 삿포로의 동물병원. 그곳에서 료코와 만난다. 료코는 준의 동물병원 단골이자, 준을 연애 대상으로서 흠모하고 있는 여성. 대본에 설명되어 있지만 전사를 설명하자면, 료코는 본래 자신이 키우던 고양이의 입원 치료를 위해 준의 동물병원을 드나들었다. 하지만 본래 키우던 고양이가 무지개다리를 건넜고, 그러던 중 준의 동물병원에서 준이 치료해서 임시 보호하고 있던 워루를 만나게 된 것. 료코는 그런 워루를 본인이 키우기로 한다. 하지만 워루 역시 병에 들고 만다. '치아흡수성병변'은 고양이의 치아가 잇몸 안에서 녹아들어가 고양이가 사료를 씹지도 못할 만큼 아프게 되는 치명적인 질병이다. 이 병에 걸린 고양이들은 제때 수술을 하지 않으면 점점 끼니를 거르게 되고, 결국 지방간이 생기고 황달에 걸려 죽음에 이르기도 한다. 준은 워루의 수술을 무사히 마쳤고, 워루는 현재 회복 중이라는 설정.

현장 이야기

제작팀

- 오타루에 있는 동물병원은 감독이 생각하는 분위기가 아니었다. 준이 삿포로로 출퇴근하는 설정으로, 삿포로에서 동물병원을 찾았다. 외관과 내부 모두 깔끔한 느낌이라 준과 어울렸고, 경영 규모도 적당해 섭외하게 되었다.

- 워루는 보호소에 있던 고양이였다. 실제 준의 동물병원 근처 보호소에 있는 고양이로 캐스팅했다. 이 고양이는 사람에 대한 공포가 크지 않았고, 뒤에 나오는 고양이 쿠지라와의 생김새가 약간 다른 부분까지도 고려했다.

연출팀

- 워루가 테이블에서 뛰어내리는 신을 찍고 싶어서 온갖 간식으로 유인했으나 결국 되지 않아서 사운드로 대체.

- 이 신에서 준의 의상은 장례복 위에 흰 가운을 입은 상태이다. 준은 평소에 자신을 감추는 인물이라 딱딱하거나 딱 맞게 떨어지는 옷을 준비했고, 료코는 준과 반대로 따뜻한 느낌의 옷을 준비했다. 삿포로에 사는 료코는 이때 오피스룩이 아닌 조금 편안한 옷을 입었지만, 이 의상 자체는 준에게 잘 보이고 싶다는 느낌의 옷이었다. 일본 스태프에게 현지 느낌으로 표현해달라고 요청. 한국에서 묘하게 보지 못한 의상이어서 더 좋았다. 준과 료코의 헤어도 둘의 성격과 상황이 반영되도록 준비한 것.

S#47

C#01

나란히 걷는 준, 료코 W.S. Steady CAM

료코   선생님, JR 타고 가세요?

준   네.

료코   그럼 혹시 제가 역까지 바래다드려도
           될까요?

준   아니에요, 괜찮아요.

료코   (사이) 그냥, 워루가 집에 없어서 그런지
           밤에 적적하네요… 바래다드릴게요.

준   (부담스러운)

C#02

료코   저… 선생님. 혹시 오늘 장례식에 다녀
           오셨어요?

준   (자기 복장을 확인해보며) 네.

료코   그렇구나. 저는 그런 줄도 모르고… (망
           설이다) 하루 종일 걱정했어요. 오늘 병
           원에 선생님이 안 계시더라고요. 선생
           님은 보통 병원에 항상 계시잖아요.

준   (어색하게 미소 지으며) 내가 너무 갑자
           기 부른 건 아닌지 모르겠네요.

료코   아니에요. 선생님 연락인데요.

C#03

사이.

준   (조용히 미소 짓던 준이 입을 연다) 료코
           상.

료코   네?

준   (사이) 고마워요, 나와줘서.

료코   방금 하려던 말 그 말 아니었죠.

준   (사이)

료코   (사이) 다음에 저랑 같이 술 한잔 어때요?

준   (사이) 그래요.

걷다가 멈춰 서는 료코.

S#47

C#04

쥰, 료코 뒷모습 F.S.

걷다가 하늘을 올려다보고 감탄한다. 멈춰 서는 료코, 쥰, 덩달아 멈춰 서서 료코가 보는 방향의 하늘을 올려다본다.
료코, 그런 쥰을 봤다가 다시 하늘을 올려다본다.

C#05

하늘을 올려다보는 쥰, 료코 가까운 H.A. (크레인)

료코   오늘 달이 참 예쁘네요.

C#06

밤하늘에 떠 있는 그믐달.

C#07

하늘을 올려다보는 쥰, 료코가 보이는 먼 H.A.

쥰 목소리   나는 단지, 너한테 말을 건네보고 싶었던 거야. 네 대답이 돌아오지 않더라도.

준은 아버지의 유해를 안장하고 집으로 돌아오는 길에, 아무에게도 말하지 못하는 무언가를 어쩌면 료코에게 말할 수 있지 않을까 하는 기대감이 있었을지도 모른다. 하지만 준은 료코에게 마음속 깊은 곳에 있는 이야기들을 아직 털어놓을 수 없다. 료코에게 준은 롤모델이라고 해도 좋을 만큼 멋져 보이는 사람이자 성공한 여성. 료코는 준이 자신과 왠지 거리를 두고 벽을 치려는 것 같아 섭섭하지만, 그럼에도 계속해서 용기를 내고 있다. 하지만 준은 료코에게 마음을 완전히 내주지 못한다. 준도 윤희 이후로 누군가와 연애를 한 적이 있었을 것이고, 데이트 어플을 통해 가벼운 만남들을 해본 적도 있었을 것이다. 하지만 그 누구와도 진정한 교류는 하지 못했을 것이다. 준은 자신을 숨기는 것에 익숙한 사람이기 때문에 자신도 모르게 거짓말을 했을 것이고, 그런 준의 태도가 연애 관계에 좋지 않은 영향을 미쳤을 것이다.

S#48A

C#01

하루오 불단 부감 C.U.

C#02

기도하는 마사코 옆모습 W.S.
→ 쥰 들어오면 마사코 FR. Out

종을 치고 두 손 모아 기도하는 마사코,
기도를 마치고 하루오의 영정사진을 가만히 들여
다본다.

마사코　　천국에 잘 도착했니?

미요오… 미요… 놀라서 고양이 목소리가 들린 쪽
을 바라보는 마사코. 얼마 후, 쥰이 현관 문 열고 들
어오는 소리.

쥰(V.O.)　　다녀왔습니다!

마사코, 쥰의 목소리가 들린 쪽을 향해 나간다.

연출팀

- 일본에서는 가정에 모시는 불단이 있다. 이 신에 나오는 것은 최근의 불단 모습이
다. 보통 직계 가족만 모신다. 우리나라의 제사 느낌. 간략하게 표현하고자 했다.

제작팀

- 불단에서 '땡' 하고 울리는 소리가 영화에서 환기되는 느낌이라 좋았다.

'마사코와 쥰의 집' 콘셉트안

일본 미술감독 후쿠시마 나오카는 한국 스태프와 끊임없이 의견을 주고받으며 기존에 설정한 콘셉트는 지키되 일본만의 문화와 상황을 담으려고 노력했다. 예를 들어 거실에 있는 코타츠는 옛날에 비해 지금은 많이 사용하지 않지만, 마사코 나이 대의 일본 사람들은 아직도 사용하기 때문에 세팅한 것이다.

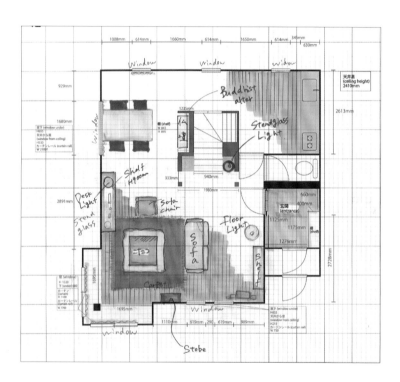

S#48B

S#48B

집에 도착한 슌을 껴안는 마사코, 눈시울이 붉어지는 쥰

C#01

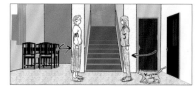

앉아서 고양이 만지는 쥰, 쥰 옆으로 다가오는 마사코, 마사코 "쥰" 부르면 쥰, 일어난다. 측면 F.S. Master

Cut to

마사코 왔니?

쥰 (멋쩍은 미소 지으며 마사코를 힐끔 본다) 미안해, 고모 걱정했지? (계속해서 쿠지라를 만지며) 쿠지라짱… 너도 오늘 하루가 길었니?

마사코 (가만히 서서 쥰을 애틋하다는 듯 본다)

쥰 (마사코를 의아하다는 듯 보며) 왜? (그제야 일어나 신발 벗고 들어온다)

마사코 쥰.

쥰 응. (일어난다)

마사코 (사이)

쥰 뭐야. 왜.

마사코 (어색하게 팔을 벌린다) 이리 와봐.

쥰 에?!

마사코 나 어색하니까, 빨리.

쥰 고모, 괜찮아? (마사코 앞으로 한 발 한 발 조심스레 걸어가며) 왜 안 하던 짓을 해, 수상하게… (마사코의 가까이에 선다) 안아달라는 거 맞아?

마사코 (계속 두 팔 벌린 채로 쥰을 보며 고개 끄덕인다)

쥰 (마사코를 걱정스럽다는 듯 보면서 고개를 기울이며) 정말?

S#48B

C#02

마사코 M.S.

얼마간 어색하게 안고 있는 쥰, 마사코

쥰	(피식 웃으며) 이게 뭐야… 전혀 예상하지 못했다…
마사코	(사이)
쥰	생각보다 좋다.
마사코	(사이)
쥰	오랜만이네.
마사코	(사이)
쥰	계속 이러고 있자. 떨어지면 어색해질 것 같아.

C#03

쥰 M.S.

눈물을 글썽이는 마사코. 눈시울이 붉어지는 쥰.

쥰 목소리 　바보 같은 걸까? 나는 아직도 미숙한 사람인 걸까? 어쩌면 그럴지도 몰라. 하지만 아무래도 좋아. 나는 이 편지를 쓰고 있는 내가 부끄럽지 않아.

C#04

마사코, 쥰, 쿠지라 측면 F.S. (C#01과 동일)

눈물이 나는데 서로 들키지 않으려 애쓰며 오랫동안 안고 있는 두 사람.
고양이 쿠지라가 그런 마사코와 쥰 앞으로 다가와 얼굴을 비비고 간다.

쥰 목소리 　윤희야. 너는 나한테 동경의 대상이었어. 너는 내가 무지를 깨우칠 수 있도록 안내해준 존재였고, 탐험하고 싶은 미지의 영역이었어. 너를 만나고 나서 나는 내가 어떤 사람인지 알게 됐어.

집에 들어온 준은 마사코 고모의 다정하고 사려 깊은 품 안에서 마음을 녹인다. 지금 준의 곁에는 마사코와 쿠지라가 있다.

현장 이야기

제작팀

- 쿠지라는 도쿄에서 온 고양이이며, 회차당 출연료로는 어느 배우보다 쿠지라가 가장 높았다. 비행기를 태워 데려오는 것이 옳은지에 대해서도 감독이 매우 고민했다. 홋카이도에서 연기 훈련이 된 강아지는 있었는데, 연기 훈련이 된 고양이가 없어서 데려오게 되었다.

연출팀

- 쿠지라를 보자마자 다들 머리 위로 느낌표가 하나씩 떴다. 사전에 어떻게 하면 고양이가 스트레스를 받지 않고, 움직임을 최소화하면서도 '쿠지라'의 느낌을 낼 수 있을까 많은 고민을 했다. 실제로는 쿠지라에게 별도의 디렉션이 없었고, 너무나 훌륭하게, 천재적으로 움직였다.

- 키노 하나 배우가 말하길, 일본인에게 포옹하는 스킨십이 굉장히 낯선 행동이라고. 그래서 마사코는 포옹이 조금 어색한 듯 연기하고, 준은 한국에서 살 때 엄마가 안아줬던 경험이 있으므로 스킨십이 어색하지 않은 인물이라는 점을 표현하고자 했다. 준이 마사코에게 안기며 "오랜만이네"라는 대사는 엄마와의 경험에서 나온 대사일 수도.

S#49

C#01

한국 고등학교의 교복을 입은 쥰 액자 사진 INSERT

C#02

편지 쓰는 쥰 F.S. Master

쥰 목소리   가끔 한국이 그리울 때가 있어. 우리가 살았던 동네에도 가보고 싶고, 같이 다녔던 학교에도 가보고 싶어.
한국에 있는 엄마는 어떻게 지내고 있는지, 또 너는 어떻게 지내고 있는지 궁금해.

앉은뱅이의자에 앉아 있는 쿠지라, 편지를 쓰다 말고 창밖을 보는 쥰.

쥰   쿠지라짱.

고양이 쿠지라, 쥰의 옆으로 다가와 쥰의 무릎에 양 볼을 비빈다.
쿠지라를 만지는 쥰, 쿠지라를 만지다 말고 편지를 이어 쓰기 시작한다.

S#49

C#03

TOP 편지 쓰는 쥰 옆모습

쥰 목소리   (한국어로) 보고 싶어, 윤희야.

END 편지를 다 썼는지 펜을 내려놓고, 그대로 뒤로 누워버리는 쥰. CAM 따라간다.

쥰 목소리   네 주변에 좋은 사람들이 끊이지 않길. 좋은 사람들과 행복한 시간 속에 있으렴. 안녕.

C#04

쥰 얼굴 H.A. B.S.

쥰의 굳은 얼굴에 슬며시 지어지는 미소
갑작스럽게 블랙 아웃.
전철 소리 다가온다.

C#01

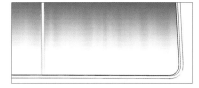

F.I.

열차 창밖 풍경 B.S. (S#01 C#01과 동일)

C#02

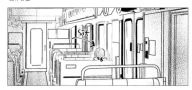

열차 안 F.S.

새봄, 자리를 이동한다.

C#03

열차 창밖 풍경 B.S. → 새봄, 자리를 이동한다.

(C#01과 동일)

C#04

표정 없는 얼굴로 새봄 쪽 창문을 보고 있는 윤희

M.S.

감독 노트

전후 맥락: 준의 이야기가 끝난 이후 모녀 여행의 시작.

연출 포인트: 1) 1분 30초 비워놓고 첫번째 숏. 2) 두번째 숏에서 새봄 들어간다. 창밖이 궁금하긴 하지만 새봄의 관심은 창밖에 있지 않다. 창밖을 계속 보다가 한번 엄마 쪽을 볼 것. 엄마와 눈이 마주치자 눈을 돌린다. 3) 윤희는 새봄을 보고 있다. 새봄을 보는 표정은 여러 버전으로 촬영해둘 것 ① 미소가 미묘하게 배어 있다. (저렇게 좋아하는데, 여행을 처음 온 것에 대한 미안함) ② 무표정하다. (생각이 많다) ③ 탐색하듯 뚫어져라 본다. (쟤를 어떡하면 좋지? 저런 애가 어떻게 해서 내 배 속에서 나왔지?)

S#53

C#01

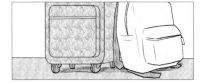

바닥에 나란히 놓여 있는 윤희와 새봄의 가방 INSERT

C#02

테이블에 앉아 폰을 보는 새봄 B.S. or W.S. → 새봄 FR. Out

새봄	오전에는 각자 시간 보내자.
윤희	(사이) 또 무슨 꿍꿍이야.
새봄	나 늦잠 잘 것 같아서. 엄마도 여기선 늦잠 좀 자. 만약에 어쩔 수 없이 일찍 눈이 떠지면, 나가서 산책하다 와. 나 깨우지 말고. 오케이?
윤희	그래. 그렇게 해.

C#03

창가에 서서 창밖 풍경을 보는 윤희 뒷모습 K.S. (새봄 P.O.V.)

윤희, 계속 창밖을 보고 있다.
새봄, 목에 카메라를 걸고, 윤희의 눈치를 보며 슬금슬금 현관문 쪽으로 도둑발로 걸어간다.

C#04

새봄 도둑발로 걸어간다 FR. Out → 뒤돌아보는 윤희

새봄	엄마 좀 쉬고 있어. 나 편의점 갔다 올게. (조용히 문 열고 나간다)
윤희	응. (얼마 후에) 응?

윤희, 뒤돌아보면, 새봄은 벌써 나가고 없다. 따라 나가는 윤희.

윤희	여기 한국 아니야 너! 조심해!
새봄(V.O.)	응, 걱정하지 마!

현장 이야기

제작팀

- 홋카이도에서 실제로 찾기 쉽지 않았던 고가의 온천 호텔. 새봄이의 "원래 여행 와서는 여기저기서 묵어보는 거야"라는 대사처럼 하루 정도 비싼 호텔에서도 묵어보는 것도 좋을 것 같다는 생각에서 섭외한 곳.

연출팀

- 여러 벌의 옷보다는 상징적인 한 벌만 선정하자는 의견이었다. 윤희의 경우에는 코트였고, 새봄은 톰보이 같은 자켓. 경수도 마찬가지. 윤희의 캐리어가 너무 작지 않나 생각하긴 했는데, 팀에서 압축팩에 넣었다고 생각하자고 했다. 경수의 캐리어가 큰 것은 경수가 옷에 관심이 많고, 옷을 자주 갈아입었을 것이란 설정 때문. 새봄은 학생이니까 배낭 안에 여행 물품을 챙겼다는 설정이었다.

S#54

C#01

골목 끝 좌에서 우로 걸어가고 있는 새봄 F.S.
오른쪽에서 FR. In → 왼쪽으로 FR. Out → 왼쪽에
서 FR. In

경수(V.O.)   야! 박새봄! (손 흔들며) 여기!

다시 뒷걸음질 치며 돌아와 경수를 발견하고 펄쩍
펄쩍 뛰며 손 흔드는 새봄.

C#02

경수 측면

경수   야! 박새봄! (손 흔들며) 여기!

주머니에 손 넣고 게스트 하우스 앞에 서 있는 경
수, 새봄이 사라진 방향을 보고 서 있다.

경수   야! 어디 가, 멍청아! 여기!

경수를 발견하고 펄쩍펄쩍 뛰며 손 흔드는 새봄.
경수도 신나서 펄쩍펄쩍 뛰며 새봄 향해 손 흔든다.

현장 이야기

제작팀

- 눈이 제일 예쁘게 내렸던 신으로 기억한다. 게스트 하우스는 실제로 민박집을 운영하다가, 운영을 멈춘 상태였다. 최근에는 영화 세팅 그대로 다시 운영을 하고 있다고. 오타루에 살았던 제작부의 미나코는 이런 위치에 어떻게 집을 지었지 하는 생각이 들었다고 했다. 오타루가 경사가 많은 지역이긴 한데, 이렇게 심하게 경사진 곳에 지었다니. 경사가 있어서 좋았던 건, 스태프가 썰매를 탈 수 있었다는 점.

연출팀

- 영화에서 새봄이 핸드폰을 들고 360도 도는 장면이 있다. 이 장면은 현장에서 만들어 넣은 컷이다. 정해진 시간 안에 해야 하는 것들이 어그러질수도 있어서 넣을까 말까 고민했는데, 결과적으로 이 장면이 들어가 영화가 더 풍성해졌다고 생각한다.

S#58A

C#01

책 읽는 마사코, 창문 똑똑 두드리고 카페 안으로
들어오는 쥰. 마사코 뒤편에 선다.

쥰	다녀왔습니다!
마사코	왔니?
쥰	또 SF소설이야?
마사코	(쥰을 향해 돌아보며 미소 짓는다)
쥰	참. 고모, 혹시 내 방에 들어왔었어?
마사코	응, 빨래 갖다 놓으러 갔었지?
쥰	그럼 혹시 무슨 우편물 못 봤어? 책상 위에 뒀던 것 같은데 아무리 찾아도 없네.
마사코	(고개를 기웃하며) 우편물? 그런 거 못 봤는데?
쥰	(마사코를 의심스럽다는 듯 본다)
마사코	(쥰의 시선을 피하며) 피곤하네. 집에 갈까?
쥰	응.

C#02

마사코, 책을 들고 일어나서 주방으로 간다.
측면 F.S.

S#58B

C#01

Cut to

불이 꺼지는 마사코의 카페 외부. 정면 F.S.

퇴근 후 카페로 돌아온 쥰과, 쥰과 함께 귀가하기 위해 쥰을 기다리고 있던 마사코. 쥰과 마사코는 가족이다. 엄마와 딸처럼 보이기도. 쥰은 자신이 윤희한테 써두었던 편지를 아무리 찾아도 찾을 수 없자 마사코를 의심하지만, 마사코는 모른 척한다. 이 것은 쥰을 향한 마사코만의 특별한 배려이다. 자신이 거짓말을 해서 이상한 사람이 되더라도 쥰을 위해서라면 그렇게 할 수 있는 것. 마사코는 쥰을 딸처럼 생각하는 사람. 쥰과 20년이 넘게 살았다면 쥰이 동성애자라는 사실을 모를 리가 없을 것이다. 쥰을 위해, 쥰이 얘기하기까지는 모르는 척해줄 뿐. 이 영화에서는 이렇게 특별한 인물들이 등장한다. 결말에 이르러 쥰과 윤희가 재회할 수 있게 되는 것은 마사코가 보낸 쥰의 편지가 새봄에게 도착했기 때문이다. 마사코와 새봄은 각각 자기만의 특별한 방식으로 쥰과 윤희를 위한다.

현장 이야기

연출팀

- 마사코 카페 이름인 '오버로드'는 SF 소설에 나오는 외계 종족 이름이다. SF 소설을 좋아하는 마사코라면, 그러한 이름을 지었을 것이라는 설정.

- 쥰의 의상은 윤희와 조금씩 다르게 설정했다. 윤희가 헤링본 코트라면, 쥰은 코듀로이 재질의 딱 붙는 코트를 준비했다. 모자는 감독의 취향. 장례식 신(S#36)에서 쥰에게 챙이 달린 검정 모자를 씌우고 싶어했는데, 일본에서는 마사코처럼 나이가 있는 사람이 추위를 피하기 위한 것이 아니고서야 장례식에서 모자를 쓰지 않기 때문에 빼기로. 이 신에서 누군가 딱 '쥰' 같은 모자를 찾았다고 말한 기억이 난다.

'마사코의 카페' 콘셉트안

빛이 잘 들어오는 공간이 이 카페의 콘셉트였다. '마사코와 쥰의 집'과 비슷하게 아늑하고 따뜻한 느낌. 원래 스테인드글라스가 없는 카페인데, 오타루가 유리공예로 유명하기 때문에 스테인드글라스 시트지를 붙여 이 공간을 꾸며냈다.

S#59

C#01

	이불에 옆으로 누워 눈을 감고 있는 윤희.
	윤희 뒤에 다가와 바짝 붙어 눕는 새봄.

새봄   엄마, 자?

윤희   (눈을 뜬다)

새봄   나는 잠이 안 와. 해외 나온 게 처음이라
       그런가.

윤희   (눈을 뜬 채로 뭐가를 말하려고 하다 새
       봄의 이어지는 말에 입을 다문다)

새봄   아빠랑 엄마랑 이혼했을 때, 왜 내가 엄
       마랑 산다고 했게. 엄마가 아빠보다 더
       외로워 보였어. 혼자서 잘 못 살 것 같더
       라고. (사이) 근데 내가 착각한 것 같네.
       나는 그냥 엄마한테 짐이었던 것 같애.

윤희   (이를 악 문다)

새봄   엄마. 나는, 내가 싫어.

현장 이야기

제작팀

- 일본에서 많은 분량의 촬영을 진행할 수 없는 상황이었고, 한국 분량으로 넘길 수
있는 부분이 있을까 고민했다. 원래 이 신은 온천 호텔에서 윤희와 새봄이 서로의 진
짜 감정을 공유하면서 나오는 장면이었으나, 결국 윤희와 새봄이 일본으로 여행을
떠나기 전인 한국 분량으로 촬영.

연출팀

- 여기서는 윤희의 미묘한 표정 변화를 보여주는 게 가장 중요했다. 컷을 나누는 게
의미가 크게 없어 한 컷으로 구성했다.

S#62

쥰의 집 앞에 온 윤희, 두리번거리다 쥰과 마주친다. 화들짝 놀라 뒤돌아 걸어간다

C#01

TOP 마사코와 쥰의 집 앞에 서서 두리번거리고 있
는 윤희 뒷모습 M.S.
자신의 폰과 마사코와 쥰의 집을 번갈아보는 윤희.
쥰, 마침 대문 열고 나온다.
화들짝 놀라 얼른 뒤돌아 걸어가는 윤희.

END 집 앞으로 나와 주위를 두리번거리는 쥰.

C#02

쥰의 집 문틈 너머로 사라지는 윤희,
쥰 O.S. 사라지는 윤희.

쥰, 마침 대문 열고 나온다. 화들짝 놀라 얼른 뒤돌
아 걸어가는 윤희.
고개를 기웃하고 집 앞으로 나와 주위를 두리번거
리는 쥰.

C#03

숨은 윤희, 집 앞으로 나와 주위를 두리번거리는 쥰
→ 쥰 FR. Out

C#04

Cut to
아무도 없는 주택가, 숨어 있다가 슬그머니 모습을
드러내는 윤희 L.S.

윤희가 준의 집 앞에 찾아갔다가 도망치는 신. 여기에서 준은 집 앞에 있다가 도망치듯 사라진 사람이 윤희일 것이라고 상상할 수도 없다.

현장 이야기

제작팀
- 이때 눈이 녹는 시즌이어서 아쉬웠다. 녹아가는 눈을 끌어다 밟아 다져가며 촬영하기도.

연출팀
- 이전에 찍어놓은 눈과 관련된 촬영 자료를 모두 저장해두었다. 눈이 없으면 눈을 갖다 넣고, 눈이 많으면 눈을 빼고 하는 작업들. 워낙 날씨가 급변하는 상황에서 눈의 컨티뉴이티를 맞추는 게 굉장히 중요했다.

C#01

창밖을 보며 손목을 주무르는 윤희 옆모습 M.S.

울지 않기 위해 이를 악 문다.

현장 이야기

연출팀

● 임대형 감독, 촬영 감독, 김희애 배우, 택시 기사. 최소 인원 탑승으로 진행한 신이었다. 김희애 배우의 일본 첫 촬영. 새벽 첫 촬영부터 우는 장면이어서 배우가 당황스러워했으나, 이상하게 감정이 잘 잡혔다고.

S#64

C#01

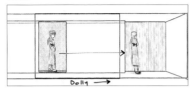

TOP 다다미방 문 지나서 들어오는 윤희.
윤희 움직임 따라 R.Dolly F.S.
END 윤희 측면 F.S.

윤희, 객실 문 열고 들어온다.

윤희   새봄.

대답 없는 객실 내부.

윤희   새봄아?

한참동안 가만히 서서 소리 죽여 우는 윤희.

현장 이야기

연출팀

● 배우가 사전에 다양한 버전의 연기를 준비했고, 감독도 현장에서 여러 버전의 연기를 주문했다. 감독이 특히 마음에 들어한 부분은 윤희가 울고 나서 혀로 입술을 핥는 장면. '사람이 울고 나면 입술이 마른다는 디테일까지 살려 연기해주셔서 감사했다'고.

S#65

C#01

유리 나오게 새봄, 경수 넓은 M.S. Master (카메라: 카페 내부)

카페 안쪽을 살피는 새봄, 경수.
새봄, 경수가 쓰고 있는 검정색 선글라스를 뺏어서 쓴다. 잘 보이지 않자 선글라스를 눈밑으로 살짝 내려 쓴다.

C#02

카페 안 모습 F.S. (카메라: 카페 내부)

주방에 마사코, 담배 피우는 할머니 기쿠에, 손님 몇이 있다.

C#03

새봄, 경수 옆모습 B.S. (카메라: 카페 외부)

경수   들어가볼래? 여기 커피 맛있어.
새봄   아니. 다시 올래.
경수   (새봄을 이상하다는 듯 본다)

C#04

일어나 환하게 미소 지으며 들어오라 손짓하는 마사코 M.S.

도망치는 새봄, 경수.
마사코, 별일 다 보겠다는 듯 의아해하며 다시 자리에 앉는다.

S#65

C#05

유리 나오게 새봄, 경수 넓은 M.S.(C#01과 동일, 카메라: 카페 내부)

마사코를 보고 놀라 선글라스를 올려서 쓰는 새봄, 도망친다. 경수는 마사코를 향해 어색하게 인사하고는 새봄을 얼른 뒤따라간다.

현장 이야기

연출팀

● 이 영화에서 가장 귀여웠던 신. 감독이 새봄을 떠올릴 때 〈판타스틱 소녀 백서〉의 이미지를 많이 참고하지 않았나 생각한다. C#02에서는 감독이 3년 전 오타루를 여행할 때 본, 담배 태우는 할머니들이 인상 깊어서 영화 속에 연출된 것 같다. 동네 사랑방 같은 느낌. 그러한 연출이 이 카페를 진짜처럼 보이게 하는 것이 아니었을까. 새봄 카메라는 야외에서도 플래시를 터뜨리는 설정이었다. 플래시를 터뜨리기 위해 노출계를 일부러 막고 사진을 찍었다는.

● 경수의 선글라스로 여러 가지 디자인을 준비했는데, 감독이 직접 힙한 느낌이 드는 선글라스를 골랐다. 그리고 여기에 경수가 무언가 정보를 캐고 다니는 탐정 같은 이미지도 반영되었다.

S#67

C#01

새봄, 윤희 측면 R.Dolly
→ 걷다가 멈추는 새봄
→ 덩달아 멈춰 서는 윤희
→ 윤희에게 카메라 건네고 마주 보고 서는 새봄

새봄과 윤희, 눈 쌓인 쭉 뻗은 길을 걷고 있다.

새봄   여기 바닥에 폐쇄된 기찻길 있다? 지금
       은 눈 쌓여서 안 보이지만.

걷다가 멈추는 새봄, 바닥을 발로 몇 번 밟으며 윤
희의 눈치를 본다. 윤희, 덩달아 멈춰 서서 바닥을
발로 몇 번 밟아본다.

새봄   엄마. 나 사진 좀 찍어줘.
윤희   내가?

새봄, 목에 걸고 있던 카메라를 윤희에게 건네고 뛰
어가서 윤희를 마주하고 선다.

C#02

엉겁결에 카메라 건네받고 새봄을 향해 카메라를 드는 윤
희 B.S.

C#03

새봄 B.S.

찰칵, 카메라 셔터음. 카메라 내리면서 새봄을 보는
윤희, 새봄을 향해 한 번 더 카메라를 든다.

새봄   뭐야, 한 장 더?
윤희   (새봄을 향해 계속 카메라를 들고 있다)
새봄   (장난스러운 표정으로 바뀌면서) 엄마
       는 코닥파였어, 후지파였어?
윤희   코닥.
새봄   엄마 그런 것도 알아?!!
윤희   새봄. 한국 돌아가면 엄마가 알밥 해줄
       게. 미안해.
새봄   갑자기 무슨 알밥이야.
윤희   코닥이 날치알 색깔이잖아.

S#67

C#04

필름 카메라를 들고 있는 윤희 시선으로 새봄
Handheld

윤희를 새삼스럽다는 듯 뚫어져라 보고 있는
새봄의 얼굴이 윤희의 시선을 통해 보인다.
카메라 셔터음 들리며 플래시 번쩍인다.

C#05

MONTAGE
INSERT

오타루 풍경 몽타주 INSERT (S#40)

S#69

일본 / 게스트 하우스 / 일층 복도 / 낮

경수가 묵는 게스트 하우스에 체크인 하러 온 윤희와 새봄

C#01

게스트 하우스 입구로 들어가는 윤희, 새봄.

C#02

복도 F.S.

윤희, 새봄, 민박 주인 뒷모습. 일층 오른쪽 방문을
열고 들어간다.
계단 위쪽에서 고개를 내미는 경수.

C#03

계단 위쪽에서 고개를 내밀어 복도를 보는 경수
B.S.

C#04

경수와 눈 마주치는 새봄 B.S.

"문자 해, 문자 해" 라고 입모양으로 말하고는
얼른 방 안으로 들어가버리는 새봄.

S#70

C#01

새봄, 윤희 방이 다 보이는 F.S. E.L.

윤희와 새봄, 히터 근처에 쪼그려 앉아 있다.
각각 이불을 온몸에 두르고 얼굴만 빼고 있다.

C#02

윤희 O.S. 새봄

새봄	여기도 좋지? 원래 여행 와서는 여기저기 묵어보는 거야.
윤희	좋네. 근데 좀 춥다.

새봄, 카메라를 들고 팔 하나를 꺼내어 창문 쪽을
찍는다. 플래시 빵!

윤희	그 카메라, 엄마가 대학 못 간 대신 받은 거야.
새봄	응?
윤희	니 할아버지 할머니가 삼촌만 대학 보내고, 엄마는 안 보냈거든. 할머니가 엄마 불쌍하다고, 할아버지 몰래 사주신 거야.
새봄	그런 걸 왜 이제 말해. 그런 카메라를 내가 써도 되는 거야?
윤희	나는 이제 안 쓰는데 뭐.
새봄	(사이) 우리 이제 나갈까? 나 배고파.

C#03

새봄 O.S. 윤희

209

S#70

C#04

새봄, 윤희 H.A.

윤희   여긴 음식 배달 안 되나? (바닥에 쓰러
        지듯 눕는다)
새봄   짬뽕 시켜 먹고 싶다.

현장 이야기

연출팀

• 촬영 쉬는 시간, 이 공간에서 윤희와 새봄이처럼 스태프끼리 서로 기대서 잠을 잤
다. 서로 무릎 베개를 해주며 단잠을 잔, 아늑하고 따뜻한 기억.

S#72

일본 / 오타루 거리 2 / 낮

담배 피우는 윤희, 사진 찍는 새봄

C#01

TOP 윤희, 새봄 나란히 걷다가 걸음을 멈추는 윤희, 덩달아 멈춰 서는 새봄

MID 윤희, 새봄 2S K.S.

END 윤희 걸음 따라 L.PAN → 윤희 F.S. or K.S.

윤희, 새봄 나란히 걷는다.
이곳저곳 사진 찍는 새봄.

새봄   오전에 어디 갔었어?
윤희   (사이) 그냥 산책.
새봄   (윤희를 힐끔 보며) 스카프 멋있다. 언제
       산 거야?
윤희   안 튀어 보이니?
새봄   아니? 괜찮아. 평소에도 좀 그렇게 하고
       다녀.

걸음을 멈추는 윤희. 그런 윤희를 의아하다는 듯 보
며 덩달아 멈추는 새봄. 윤희, 다시 걷기 시작한다.

새봄   (윤희 따라가며) 왜. 뭐. 왜.

얼마간 걷는 윤희, 새봄을 보며 다시 멈춰 선다. 덩
달아 멈춰 서는 새봄. 윤희는 새봄에게 빈손을 내
민다.

윤희   라이타 좀 줘봐.
새봄   응?!!
윤희   너 담배 피우잖아…
새봄   (사이) 어떻게 알았어?
윤희   나니 엄마야.
새봄   (사이) 엄마 미안. 나 진짜 가끔 펴. (마지
       못해 주머니에서 라이터를 꺼내 윤희의
       손 위에 올려놓는다)
윤희   너 담배 끊어?
새봄   알았어. 근데 지금 그게 문제가 아니라
       엄마 담배 펴?!
윤희   나도 가끔?
새봄   (사이) 와.

라이터를 들고 새봄에게서 떨어져 길가의 구석으
로 가는 윤희, 담배 한 대를 꺼내 입에 물고 불을 붙
인다.

S#72

C#02

새봄 K.S. (앵글은 정면이지만 인물이 방향을 살짝 튼다)

C#03

윤희 K.S. (앵글은 정면이지만 인물이 방향을 살짝 튼다)

새봄, 그대로 망연자실하게 서서 윤희를 어이없다
는 듯 본다.

새봄	엄마.
윤희	(사이)
새봄	나 혼낼 거야? 혼내지 마?
윤희	(?) 뭔데.
새봄	나 담배 한 대만…
윤희	(그런 새봄을 금방이라도 혼낼 듯 쳐다 본다)
새봄	(사이)
윤희	(참을 수 없다는 듯 실소를 터트리며) 넌 누구 닮았니?
새봄	삼촌이 엄마 닮았다데?
윤희	(인상 찌푸린다)
새봄	왜. 싫어?
윤희	(새봄의 라이터를 주머니에 넣으며) 너 라이타 압수야!
새봄	아, 왜…

윤희를 애틋하게 바라보며 미소 짓는 새봄.
윤희를 향해 카메라를 든다. 그때 새봄의 뒤로 기차
가 지나간다. 계속 담배 피우는 윤희. 카메라 플래
시 터지면서 찰칵! 카메라 셔터음.

C#01

Master
TOP 윤희, 새봄 앞모습 F.S. Dolly Out
MID R.PAN 윤희, 새봄 옆모습 F.S. 새봄 쪼그려 앉는다.
END 윤희, 새봄 FR. Out

C#02

S#44 C#01과 동일 H.A.(카메라: 쥰의 집 2층 위치)

마사코와 쥰의 집 근처 주택가.

이곳에 처음 왔다는 듯 이리저리 둘러보며 걷는 새
봄, 그런 새봄을 힐끔 보는 윤희.

새봄   (어딘가를 힐끔 보며 멈춰 쪼그려 앉으
　　　　며) 엄마, 나 오늘 너무 걸어서 발이 찢
　　　　어질 것 같애. 좀만 쉬었다 가자.

윤희   (덩달아 멈춰 서서 새봄의 시선이 향한
　　　　곳을 힐끔 본다)

새봄   나는 어디 관광지 다니는 것보다 이런
　　　　동네 구경하는 게 좋더라.

윤희   엄마도 그래.

새봄과 윤희가 멈춰 선 곳은 마사코와 쥰의 집 앞이
다.

새봄   엄마, 혹시 나한테 할 말 있으면 다 해.
　　　　여행 온 김에. 들어줄 테니까.

윤희, 그런 새봄을 한동안 쳐다본다.

새봄   뭐야. 왜.

윤희   내 딸 착하게 컸네.

새봄   내가 좀.

윤희   엄마가, 너 임신하고 착한 마음만 먹었
　　　　거든. 그래서 네가 착한 거야.

새봄, 괜히 울컥해서 윤희의 시선을 피하고, 먼저
걷기 시작한다. 뒤따라가는 윤희.

S#75A

C#01

쥰, 카페 들어와 마사코 옆자리에 앉는다. F.S.

돋보기안경을 끼고 바 테이블에 앉아 책을 읽고 있는 마사코. 카페에는 손님이 없다. 마침 문 열고 들어오는 쥰.

쥰   다녀왔습니다!

마사코   왔니?

쥰, 마사코가 앉은 바 테이블로 와서 마사코의 옆자리에 앉는다.

쥰   아, 엄청 피곤하네.

마사코   (쥰에게 시선 주지 않고 계속 소설 읽는다)

쥰   할머니… 또 SF소설이야?

마사코   (쥰을 향해 잠시만 기다려달라는 뜻으로 손을 든다)

쥰   배고파.

마사코, 책을 확 덮고 활짝 미소 지으며 쥰을 본다.

S#75A

C#02

쥰 O.S. 마사코 B.S.

쥰	고모 밖에 나가서 친구 좀 만나고 그래. 아. 연애를 한번 해보는 건 어때?
마사코	이 나이에 연애는 무슨.
쥰	고모 연애해본 적은 있어?
마사코	젊었을 때?
쥰	오 어떤 사람이었는데?
마사코	중학교 선생님이었어. 가까이 가면 화장실 방향제 냄새가 나던 사람.
쥰	응? 화장실 방향제?
마사코	응. 그 사람이 잘 가던 극장에서 항상 화장실 방향제 냄새가 났거든. 영화를 그 정도로 좋아하는 사람이었어.
쥰	고모는 그런 것까지 다 기억하는구나… 근데 왜 그 사람이랑 결혼 안 했어?
마사코	나는 영화를 안 좋아하잖아.
쥰	에이, 말도 안 돼. 겨우 그런 이유 때문에?

C#03

마사코 O.S. 쥰 B.S.

마사코	가끔 그 사람 생각이 나. 겨우 육 개월인가 만났는데. 이제 나는 죽을 날이 얼마 안 남았으니까, 평생 잊지 않은 셈이 되겠네?
쥰	(사이) 고모는 정말 대단해. 하고 싶은 대로 다 하고 살잖아. 나도 고모처럼 젊었을 때 돈 좀 왕창 벌어놓고, 노후에는 이런 카페나 차리고 싶네.
마사코	(무슨 생각 끝에) 참. 요즘 가게에 자꾸 이상한 애들이 와.
쥰	이상한 애들?
마사코	언젠가부터 날마다 어떤 남자애가 왔는데, 아무래도 한국 앤 것 같아. 나한테 몇 살이냐고 묻질 않나, 결혼은 했냐고 묻질 않나… 한국에 와본 적이 있냐고 묻질 않나…
쥰	(피식 웃으며) 이상한 애네.
마사코	오늘은 글쎄 어떤 여자애를 달고 와서는, (안쪽을 염탐하는 흉내를 내며) 이러고 나를 보는 거야.
쥰	에? 진짜 이상한 애들이네…

퇴근하고 카페로 돌아온 준과, 준을 기다리고 있던 마사코의 신. 이곳에서 마사코와 준은 크게 두 부분의 대화를 나눈다. 첫번째는 마사코의 옛 연인에 대한 대화. 마사코는 자신의 연애담에 대해 담백하게 준에게 얘기해줌으로써 준에게 넌지시 위안을 건네려고 한다. 마사코의 말을 해석해보자면, 사람들마다 죽을 때까지 평생 잊지 못하는 사람이 있고, 자신에게도 그런 사람이 있으며, 그것은 그렇게 특별한 일이 아니라는 것. 두번째는 "요즘 카페에 자꾸 이상한 애들이 온다"는 부분. 경수와 새봄을 놓고하는 말일 것이다. 준은 아침에 집 앞에서 목격했던 수상한 사람이 카페를 어슬렁거리는 이 아이들이라고 의심할 수 있다.

현장 이야기

연출팀

● 원래 '극장 화장실 방향제 냄새'가 아닌 그냥 '극장 냄새'였다. '극장 냄새'라는 말이 특유의 쾨쾨함을 전달하지 못할 것 같아 수정했던 것.

S#75B

C#01

마사코 카페 외부.

담배 피우는 쥰, 불 꺼지는 카페 F.S.

S#76

C#01

마사코, 쥰 F.S.

쥰과 마사코, 커다란 넉가래를 들고 집 앞에 쌓인 눈을 치우고 있다.

마사코   눈이 언제쯤 그치려나…

쥰   고모, 왜 그런 쓸데없는 말을 해… 여기 서 산 지 몇 년짼데. 눈 그치려면 멀었잖 아.

마사코   (눈을 퍼내다 말고 피식 웃으며) 막막하 니까. 일종의 주문이랄까.

쥰   (대답 없이 넉가래로 계속 눈을 퍼낸다)

마사코   (대답 없는 쥰을 보며) 눈이 와서 치우 면, (넉가래로 다시 눈을 퍼내기 시작 하며) 또 눈이 오고, 치우면 또 눈이 오 고… (허리를 펴고 쥰을 보며) 자연 앞에 선 무력해지는 수밖에 없다니까.

쥰   (계속 눈을 퍼내며) 힘 없는 할머니는 계 속 쉬고 계세요! 내가 얼른 할게.

C#02

쥰을 그윽한 눈으로 쳐다보는 마사코

감독 노트

준과 마사코가 집 앞에 쌓인 눈을 치우며 나누는 대화. 마사코의 "눈이 언제쯤 그치려나…" 하는 대사가 반복된다. 마사코가 눈이 그치려면 멀었다는 것을 알고 있음에도 불구하고 막막할 때 하는 말이다. 마사코는 이 영화에서 가장 어른스러운 시선을 갖고 있는 인물이다.

──────

현장 이야기

제작팀

- 실제로 오타루에서는 자기 집 앞의 눈을 자기가 치워야 한다. 아니면 못 나가니까. 도로도 제설이 안 들어오는 경우, 차가 나갈 수 있게 매일 치워야. 조명팀이 라이트 설정 때문에 힘들어했다. 한국에서는 보통 상황에 따라 진행하지만, 일본에서는 정확히 모든 것을 사전에 허가받아야 했다.

연출팀

- 모니터 테이블(현장에서 촬영하는 장면을 실시간으로 볼 수 있는 모니터를 설치한 테이블)을 세울 때 애를 먹었다. 한국에서는 보통 현장에 가서 (사전에 협의된 공간이 아니더라도) 화면이 가장 잘 보이는 곳에 모니터 테이블을 세우는데, 일본은 사전에 협의된 공간이 아니라면 허용이 되지 않아서 많이 당황스러웠다. 사실, 이게 맞는 시스템이라고 생각한다. 일본에서 진행하면서 그런 것들을 많이 배웠다.

S#77

하늘을 올려다보는 윤희와 새봄, 만월인기!

C#01

나란히 걷는 모녀 F.S.
→ 걸음을 멈춰 코너의 골목 쪽을 보는 새봄
→ 윤희 FR. Out → 윤희 FR. In
→ 윤희 덩달아 멈춰 서서 골목 쪽을 본다.

C#02

사각의 서류 가방을 들고 있는 중년의 남성 취객이
휘청휘청하며 하늘을 올려다보고 있다.

취객   만월인기!

미끄러져 바닥에 엉덩방아를 찧는 취객,
바닥에 주저앉은 채로 하늘을 본다.

230

S#77

C#03

윤희, 새봄 K.S. (C#01과 카메라 동일 위치)

골목 바깥에서 그 취객을 보고 있는 새봄과 윤희,
취객을 따라 하늘을 올려다본다.

새봄 뭐라는 거야? 하늘에 뭐가 있나?
윤희 만월이라고 한 것 같은데…

새봄을 따라 하늘을 올려다보는 윤희.

C#04

구름에 가려 잘 보이지 않는 달.

현장 이야기

제작팀

- 실제로는 불이 안 들어오는 간판이 많았다. 오타루 골목이 예전에는 번화가였는
데, 지금은 운영하지 않는 곳이 많다. 지역 주민들이 많이 떠나고 드문드문 남아 있기
때문. 영업하지 않고 있던 간판을 다시 연결하는 데 시간이 좀 걸렸다. 특히 이시에
할아버지(동네 주민분)가 많은 도움을 주셨다.

S#78

C#01

눈 굴리는 새봄 F.S. 인물 따라가며, Master
새봄 움직임 따라서 윤희 O.S. (윤희, 새봄 마주 보는 배치)

새봄, 바닥에서 눈을 굴리며 장갑을 낀 한쪽 손으로 눈사람의 몸을 만들고 있다. 제법 커진 눈덩이. 윤희 역시 쪼그려 앉아 동그랗게 눈사람의 몸을 만들고 있다. 작은 눈덩이.

윤희   장갑 하나 사줘? 왜 장갑을 한 짝밖에 안 끼고 다녀.

새봄   아… 이거 의미가 좀 있는 거라…

윤희   남친이 사줬어?

새봄   응?

윤희   너 남자친구 있잖아. 경수?

새봄   (눈을 굴리다 말고) 나 지금 소름 돋았어. 어떻게 이름까지 알아?

윤희   너 걔랑 통화할 때 엄마 들으라고 아주 홍보를 하던데?

새봄   근데 왜 모른 척했대?

윤희   기다렸지 뭐. 언제 말하나보자, 하고

C#02

윤희

계속해서 눈을 뭉치던 윤희, 새봄을 힐끔 본다.

윤희   새봄.

새봄   (눈을 굴리다 말고 윤희를 보며) 응?

윤희   너도 알겠지만…

새봄   응.

윤희   여기에 엄마 옛 친구가 살아.

새봄   (다시 눈을 굴리며) 그래? 몰랐는데?

윤희, 새봄을 향해 뭉쳐놓은 눈덩이를 던진다.
새봄의 몸에 정확히 맞는다. "아!" 하며 야속하다는 듯 윤희를 노려보는 새봄.

새봄   그래서, 만났어?

윤희   (사이) 아직.

S#78

C#03

고요한 동네, 정적인 분위기에서 눈싸움하는 모녀 H.A.

새봄, 바닥에서 눈뭉치를 만들어 윤희를 향해 던진다. 윤희의 몸에 정확히 맞는다. 새봄, 낄낄대며 윤희를 향해 계속 눈뭉치를 던지기 시작한다. 윤희도 질 수 없다는 듯 덩달아 새봄을 향해 눈뭉치를 던진다. 눈싸움을 하는 새봄과 윤희의 모습.

현장 이야기

연출팀

● 이 장면은 두 배우가 정말 노는 듯이 찍었던 장면. 실제로 두 배우 모두 즐거워했다. 스크립터가 감독에게 지금보다 더 행복한 모습으로 연출되면 좋겠다고 제안했다. 이 신에서는 새봄이와 윤희가 더 행복해도 된다고.

S#80

C#01

카페 앞 창문에 붙어 서서 안을 살피는 새봄

카페 안으로 들어간다. M.S. FR. Out

C#02

새봄을 발견하고 일어나 들어오라고 손짓하는 마
사코, 인사하는 기쿠에 F.S.

C#03

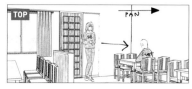

TOP 문 열고 들어오는 새봄 F.S. (카메라: 조리대
안)

MID 새봄 움직임 따라 R.PAN
END 새봄 빈 테이블에 앉는다. 마사코 메뉴판 들
고 새봄에게 다가온다.

END 새봄 빈 테이블에 앉는다. 마사코 메뉴판 들
고 새봄에게 다가온다.

240

S#80

C#04

마사코 O.S. 새봄 (마사코 FR. In → FR. Out)

C#05

새봄 O.S. 마사코 (마사코 FR. Out)

새봄	Do you speak English?
마사코	A little. Are you 새봄?
새봄	(놀라며) You know my name!
마사코	Your boyfriend told me. (새봄의 맞은편으로 앉는다)
새봄	(마사코가 의자에 앉자 당황해하다가) Do you know… Jun? Jun Katase.
마사코	(놀라서 새봄을 의심스럽다는 듯 보며) She is my niece. Who are you?
새봄	She is my mom's friend. Yunhee. When is she here?
마사코	(윤희의 이름을 듣자마자 표정 굳어버린다)
새봄	Can I ask you a favor?
마사코	(사이) Of course.
새봄	I'll come back tomorrow morning. Please tell her. She'll be glad.
마사코	(사이)
새봄	Tomorrow. Morning. 오하요고자이마스 Tomorrow Morning. OK?
마사코	(끄덕이며) OK.

사이.

새봄	(어색해지자) 코-히… 플리스…
마사코	(얼른 끄덕이며) 코히.

마사코, 메뉴판 들고 급하게 자리를 뜬다.

S#80

일본 / 마사코의 카페 / 낮

마사코의 카페를 방문한 새봄, 마사코에게 쥰과의 만남을 부탁한다

C#06

마사코, 경수, 새봄 3S F.S.

C#07

경수 O.S. 마사코

마사코, 메뉴판 들고 급하게 자리를 뜬다. 카페 들어오는 경수, 바 앞으로 가서 새봄을 본다. 바 안쪽 주방으로 마사코가 들어와서 선다.

경수	여기 오면 있을 줄 알았어. 왜 연락 안 하냐?
새봄	잘 잤어?
경수	응. 커피 시켰어? 여기 커피 맛있어.
새봄	나 시켰어. 너도 한 잔 시켜.

새봄을 힐끔 힐끔 보는 마사코

경수	(일본어로) 마사코상 안녕하세요! 또 뵙네요!
마사코	(대답 없이 새봄 쪽을 힐끔 본다)
경수	(일본어로) 점심 식사는 하셨어요?
마사코	네?
경수	(일본어로) 제 발음이 이상한가요? 점심 식사 하셨냐고요.
마사코	아. 네.
경수	(일본어로) 저도 커피 한 잔 주세요. 여기 커피 진짜 맛있어요!
마사코	(대답 없이 새봄을 힐끔 본다)

그런 마사코를 이상하다는 듯 쳐다보는 경수,
새봄을 봤다가 다시 마사코를 본다.
뭔가 이상한 두 사람을 또 한 번 번갈아 쳐다본다.

제작팀

● 새봄과 마사코가 영어 대사를 할 때 한국어 자막을 넣을까 말까 고민했다. 새봄과 마사코 두 사람 다 영어에 능숙하지 않고 어색한 영어로 대화를 이어나가는 설정이 었기 때문. 그럼에도 관객들의 편의를 위해 한국어 자막을 넣기로.

● 성유빈 배우가 이전에 일본어를 따로 배워 실제로도 정말 일본어를 잘하는데, 편 집 과정에서 삭제되어 아쉬웠다. 여기에서도 경수는 아버지가 일본에 계시고 아버지 를 따라 1년 동안 일본에서 생활을 했기 때문에 일본어도 할 줄 알고, 새봄이를 따라 혼자 일본을 올 수 있었던 설정이었다.

연출팀

● 새봄의 걸음걸이가 돋보이는 장면이다. 새봄은 늘 항상 자신이 어디로 갈지는 모 르지만, 성큼성큼 걷는 인물이라는 설정이 있었다.

● 마사코의 카페의 단골이 있었으면 좋겠다는 설정이 있어서 여기에서 기쿠에 할머 니를 한 번 더 등장시켰다.

S#81

C#01

TOP 새봄과 경수, 손을 잡고 걸어와 게스트 하우스 앞에서 멈춰 선다.
MID 마주 보는 새봄과 경수, 껴안는다. (배경: 게스트 하우스)
END 문을 열고 나오는 윤희.

C#02

TOP 껴안는 새봄, 경수 K.S.
END 윤희 FR. In (뒷모습)
→ 경수, 새봄 뒤에 숨는다 → 경수 FR. Out

새봄과 경수, 손을 잡고 걸어와 게스트 하우스 앞에서 멈춰 선다. 마주 보는 새봄과 경수.

새봄   너 이제 다른 데 가서 놀아, 엄마한테 들켜.

경수   응. 들어가.

새봄   한 번만 안아봐도 되냐?

경수   뭔데…

새봄   이리 와봐. (팔 벌린다)

경수   (좋아서) 아 뭔데!

경수, 새봄에게 다가오면, 새봄, 경수를 꼭 껴안아준다. 경수도 새봄을 안는다.

경수   아… 좋다…

새봄   똥개…

윤희   새봄아?

마침 게스트 하우스 대문 열고 나온 윤희, 가만히 서서 못 볼 꼴을 봤다는 표정으로 새봄과 경수를 보고 있다. 윤희를 보고 놀란 새봄, 경수.

경수   (얼른 90도로 인사하며) 어머님 안녕하세요!

윤희, 경수를 보면, 새봄 뒤로 슬그머니 숨는 경수. 윤희를 보고 배시시 웃는 새봄.

S#81

C#03

게스트 하우스 대문 열고 나온 윤희.
새봄, 경수 O.S. 윤희 M.S.

C#04

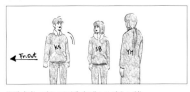

줄행랑치는 경수 F.S. (배경: 게스트 하우스 앞)

새봄   엄마. 경수도 여기 놀러왔대.

윤희   미쳤구나, 미쳤어.

경수   (새봄의 뒤에서 꾸벅 고개 숙이며) 죄송
        합니다.

새봄   경수한테는 뭐라고 하지 마… 내가 오
        라 그랬어…

윤희   (새봄에게) 스으읏!

새봄   (기어들어가는 목소리로) 우리랑 상관
        없이 여행하다 가겠대.

윤희   경수는 참을성이 좀 없나봐? 그새를 못
        참고 여기까지 따라왔어?

새봄   아, 그러지 마…

경수   저, 그럼… (윤희에게 또 90도로 몸을
        꺾어 인사하며) 즐거운 여행 되세요! 다
        음에 또 뵙겠습니다!

줄행랑치는 경수, 내리막길을 뛰어 내려가기 시작
한다.

S#81

C#05

내다보는 새봄, 윤희 F.S. (배경: 게스트 하우스 앞, C#01과 동일)

C#06

엉덩방아 찧는 경수 L.S. (배경: 게스트 하우스 앞 내리막길)

멀리서 윤희와 새봄 쪽을 힐끔 돌아보다가 엉덩방아를 찧는 경수, 일어나 뛰기 시작한다.

현장 이야기

연출팀

● 감독이 처음부터 경수 가방에 와펜을 달았으면 좋겠다고 했다. 달려 있는 와펜은 감독의 취향으로 하나하나 고른 것. 야자수 등 여름과 관련된 와펜이 많았고, 경수와 새봄의 이니셜로 'K S B' 와펜을 달았다. 새봄이의 목도리가 주황색이지만 전체적으로 톤다운된 느낌이라면, 경수는 발랄하고 귀여운 느낌의 목도리를 준비했다. 또, 감독이 김희애 배우와 처음 미팅할 때 배우가 하고 온 에메랄드 빛 스카프가 인상적이었다고 해서, 윤희 스카프를 준비할 때는 그와 비슷한 느낌의 스카프를 준비했다.

C#01

TOP 걸어오는 윤희, 새봄

END 새봄, 눈에 이마를 댄다. 윤희 덩달아 댄다.

C#02

눈에 머리 대는 윤희, 새봄 뒷모습 B.S. or W.S. ~ 끝까지

보행로와 도로 사이에 사람 키 높이만큼 쌓인 눈.

윤희　　그래서, 걔는 지금 뭐 하고 있대?

새봄　　몰라? 여행하고 있겠지 뭐.

윤희　　불쌍하다 얘. 걔도 남의 집 귀한 자식일
　　　　텐데.

새봄　　괜찮아. 진짜 지가 막무가내로 따라온
　　　　거야.

새봄, 돌연 쌓여 있는 눈 쪽으로 걸어와 이마를 박
는다.

윤희　　(주변 눈치를 보며) 뭐 하는 짓이야.

새봄　　머리 좀 식히려고! 요 며칠 생각을 많이
　　　　해서 그런가, 열이 다 나네!

윤희, 새봄을 그윽한 눈빛으로 보다가, 새봄의 옆으
로 가서 선다. 새봄과 같이 쌓여 있는 눈에 이마를
대는 윤희. 관광객들이 지나가며 눈에 이마를 대고
있는 새봄과 윤희를 힐끔거리고 본다.

윤희　　가서 놀다 와.

새봄　　아냐. 그럼 엄마는 어떡하고

윤희　　(사이)

새봄　　진짜? 그래도 돼?

현장 이야기

연출팀

● 통행할 수 있는 곳 중 사람이 눈에 '푹' 기댈 수 있는 공간을 찾기 어려웠다. 감독이 여행을 갔을 때 실제로 했던 포즈여서 반영하고 싶었다고. 이 신에서는 '머리 좀 식히려고'가 중요한 설정이었으므로 카페 촬영으로 재치 있게 대체한 신.

제작팀

● 이 카페의 케이크 정말 맛있었다. 윤희와 새봄이 케이크를 세 개나 시킨 이유를 알겠다며, 촬영 후 남은 건 스태프가 다 먹었다고. 일본은 보통 각자 먹는 문화라, 여러 개를 시켜 나눠 먹는 것을 보고 일본 스태프가 신기해했다.

S#86

C#01

술 마시는 윤희, 윤희 앞에 재떨이 놓는 바텐더 측면 F.S.

윤희　　(피식 웃으며, 일본어로) 감사합니다.
바 직원　혼자 오시는 손님들은 주로 담배를 피우시더라고요. 관광 오셨어요?

윤희, 바 직원에게 고맙다는 표정을 해 보이고는 담배를 꺼내 불을 붙인다.

윤희　　(어색한 일본어로) 여기에 제 친구가 살아요.
바 직원　아. 그렇습니까. 친구분은 만나보셨나요?
윤희　　죄송하지만, 한 번 더 말씀해주시겠어요?

C#02

바텐더 O.S. 윤희 B.S.

바 직원　친구분은 만나보셨나요?
윤희　　(이해했다는 듯 일본어로) 아… 네. (한국어로) 모처럼 만나서 같이 맛있는 것도 먹고, 산책도 하고… 집에 놀러도 가보고… 그랬어요.
바 직원　(알아들은 척하는) 그렇군요…

바 직원을 보며 피식 웃고 마는 윤희, 담배를 피운다.

료코(V.O.)　담배 피우셨구나.

254

현장 이야기

연출팀

● 여태 윤희의 모습과는 다른 모습을 보여주는 장면이어서 신경을 많이 썼다. 앞 신에서 촬영할 때 김희애 배우가 귀걸이를 귀에 대보았는데, 가게 주인이 선물로 주셨다고. 김희애 배우가 간직하고 있다가 선물 받았다고 말하자, 스태프가 그 자리에서 상의해 착용하고 찍었다.

● 귀걸이를 귀에 대보는 장면에서도, 귀걸이를 미리 다양하게 준비해 배우가 직접 고르도록 했다.

제작팀

● 일본에서의 마지막 촬영 날. 오츠카레비루(맥주를 나눠 먹는 행사)! 그 문화가 너무 좋았다. 〈윤희에게〉 팀의 경우 마지막 크랭크업 날 수고했다는 의미로, 오츠카레비루를 진행했는데, 일본에서는 그날그날 수고했다는 의미로 오츠카레비루를 준비하기도 한다. 의외로 모든 스태프의 반응이 좋았다.

S#87

쥰과 료코의 술자리, 쥰은 자신의 엄마가 한국인이라는 사실을 고백한다

C#01

료코 O.S. 쥰 (S#86 C#02 Continuity)

의자 등받이에 기대어 앉아 담배를 피우고 있는 쥰, 맞은편의 료코를 보고 있다. 료코는 테이블 위에 턱을 괴고 쥰을 뚫어져라 보고 있다.

료코	담배는 언제부터 피우셨어요?
쥰	음… (무슨 생각 끝에) 아마 열아홉 살 때부터였을 거예요.
료코	나쁜 학생이셨군요…
쥰	(피식 웃고 만다)
료코	선생님" 제가 쥰상이라고 부르면 실례예요?
쥰	(끄덕이며) 네. 그렇게 불러도 돼요.
료코	다행이다.
쥰	(?)
료코	'선생님'은 너무 딱딱한 것 같아서요.
쥰	료코상은 참 좋은 사람인 것 같아요.
료코	쥰상도요. 처음 봤을 때부터 그렇게 느꼈어요.
쥰	네…

C#02

쥰, 료코 F.S.

료코	저 쥰상이랑 있으면 왜 이렇게 편안하죠? 저랑 쥰상은 비슷한 사람인 것 같아요 나 무슨 말하고 있는 거지…취했나봐.
쥰	(사이) 왜 그렇게 생각하세요?
료코	그냥 그런 느낌이 들어요. 쥰상은 왜 연애 안 하세요? (급하게 칵테일 한 모금 마신다)
쥰	(덩달아 위스키 한 모금 마시며) 글쎄요…
료코	(쥰의 대답을 기다린다)
쥰	료코상.
료코	네.
쥰	이런 말 실례가 될 수도 있고, 혹시 내가 오해한 걸 수도 있겠지만, 용기 내서 말할게요.
료코	(?)
쥰	(사이) 저, 여태까지 저희 엄마가 한국인 걸 숨기고 살았어요. 저한테 이로울 게 하나도 없으니까. 말하자면, 저 자신을 숨기고 살았던 거예요.
료코	(놀라서 쥰의 다음 말을 기다린다)
쥰	혹시 여태까지 숨기고 살아온 게 있다면, 앞으로도 계속 숨기고 살아요. 그러는 게 료코상을 위해서 좋아요 제가 무슨 말하는지 알아요?

S#87

일본 / 호텔 바 / 밤

쥰과 료코의 술자리, 쥰은 자신의 엄마가 한국인이라는 사실을 고백한다

C#03

쥰 O.S. 료코

C#04

대답하지 못하는 료코. 몸에 힘을 주고 료코를 보는 쥰. 침묵. 료코, 결국 고개를 살짝 한 번 끄덕인다. 다행이라는 듯 미소 지으며 몸의 긴장을 풀고 안도의 숨을 내뱉는 쥰.

료코   저한테는 뭐든 숨기지 않으셔도 돼요.

쥰   (료코를 보며 미소 짓는다)

창밖에서 쥰, 료코 F.S.

테이블 위에서 울리는 쥰의 폰 진동. 쥰, 얼른 폰을 들어 본다.

료코   (안도하듯 활짝 웃으며) 받으세요.

쥰   (전화 받는다) 응, 고모. (사이) 미안. 말을 해준다는 걸 깜빡했네. (사이) 나 친구랑. (사이, 료코를 보며) 응, 친구. (사이) 왜 이래? 나도 친구 있어… (료코를 보며 화장실에 가겠다는 손짓을 한다)

료코   (쥰을 보며 미소 짓고는 손수건을 꺼내 촉촉이 젖은 손을 닦는다)

쥰   (일어나 화장실 쪽으로 향하며) 근처에서 한잔하고 있어. (사이) 응, 곧 들어갈 거야, 걱정하지 마.

료코, 목이 마른지 물을 마신다.

준과 료코가 마주 앉아 호텔 바에서 대화를 나누는 신이다. 료코는 준에게 최선을 다해 준을 향하고 있는 자신의 감정을 보여주기 위해 애쓰고 있다. 요즘 윤희에 대해 자주 떠올리고, 한동안 잘 꾸지 않던 윤희의 꿈도 꾸고 있는 탓일까, 준은 그런 료코가 아직은 부담스럽다. 료코는 준이 레즈비언이라는 것을 알고 있는 것 같다. 그러면서도 실수를 하지 않을까 염려하고 있고, 조심하고 있다. '그렇다면 료코는 준이 레즈비언이라는 사실을 어떻게 알았는가?' 하는 부분에 대해서는 굳이 설명하려 하지 않았다. 이성애자가 이성에게 끌릴 때, 그 사람이 동성애자라면 어떡할까 하는 두려움을 갖진 않는다. 료코는 준에게 그런 두려움을 갖고 접근하지 않았을 것. 료코는 단지 본능적으로 자신의 연애와 사랑의 대상으로서 준에게 끌렸을 뿐이다. 준 역시 당연히 료코가 어떤 감정으로 자신에게 다가오는지 알고 있다. 이 부분은 준이 료코에게 인생의 선배로서 조언을 하는 동시에, 커밍아웃을 하는 부분이라고 볼 수도 있다.

현장 이야기

연출팀

● 감독이 이 신에서 하고 싶었던 것은 공간의 연속성을 구현하는 일이었다. 윤희와 준이 마치 한 공간에 있는 것 같이 느껴지게끔. 그래서 윤희와 바텐더가 이야기하는 장면과, 준과 료코가 이야기하는 장면에서 료코의 의상 색과 바텐더의 의상 색을 똑같이 준비했다.

● 윤희의 감정을 보여주는 여러 신들이 있지만 여기에서는 거짓말을 통해 오히려 솔직하게 이야기함으로써 윤희의 바스라진 영혼이 드러나는 신이었다고 생각한다.

S#88

C#01 88A

호텔 전경 INSERT

C#02 88B

Master F.S.
TOP 손을 씻는 쥰 K.S.
MID 화장실에 들어와 쥰 옆에 서서 수도를 트는
료코
END 나가려는 쥰을 뒤에서 확 꺼안는 료코

쥰	(당황해서 어쩔 줄 모르는) 네?
료코	죄송해요. 저도 제가 실례하고 있는 거 알아요.
쥰	(당황해서 어쩔 줄 모르는) 료코상, 많이 취했어요?
료코	취해서 이러는 거 아니에요. 그냥, 잠깐 만 이렇게 있게 해주세요.
쥰	(사이) 아무한테나 이래요?
료코	아뇨, 아닙니다.

C#03 88B

쥰의 어깨 위로 고개를 파묻는 료코
쥰은 얼마간 가만히 서 있다가 료코에게서 조심스
럽게 떨어져나온다.

쥰, 료코 B.S. → 쥰 FR. Out

S#88

C#04 88B C#02 END와 동일 사이즈

쥰의 어깨 위로 고개를 파묻는 료코
쥰은 얼마간 가만히 서 있다가 료코에서 조심스럽게 떨어져나온다.

쥰   이 일은 없던 걸로 할게요.

화장실을 나가는 쥰. 홀로 남은 료코, 길게 한숨을 내뱉으며 고개를 숙인다.

감독 노트

료코는 술을 마셨다는 핑계로 용기를 내고 있다. 사랑하는 사람이 생겼을 때 사람들은 초능력이 생긴다. 쥰은 자신을 껴안는 료코에게 조금 흔들린다. 숨도 가빠져오고, 억눌러왔던 자연적 본능이 올라오는 걸 느낀다. 위험하다고 느껴 도망쳐버린다. 쥰은 연애 경험이 있기야 있었겠지만 오랫동안 연애를 하지 않았을 것이다. 그래서 자신에게 젊고 매력적인 여성이 다가오는 것을 어떻게 받아들여야 할지 난감할 것.

현장 이야기

제작팀

● 쥰이 료코를 거절하는 모습이 매몰차기도 했고, 그 수위를 고민하다가 삭제된 장면이었다. 감독은 이 신이 삭제된 것을 많이 아쉬워했다. 뒤에 료코를 어떻게든 케어하려는 쥰의 모습과 둘의 여지가 드러나는 신이 있었기 때문에.

C#01

인물 배치: 삼각구도

쿠지라, 뭔가를 열심히 보고 있다.

C#02

책 읽는 쥰 B.S.

C#03

사진을 보고 창밖 보는 마사코

새봄과 만났던 사실을 쥰에게 이야기하는 마사코

C#04

쿠지라, 마사코, 쥰 F.S.

마사코	엄마 보고 싶을 때 있니?
쥰	(피식 웃으며) 가끔 보고 싶어. 잘 지내시겠지 뭐.
마사코	연락처 아니까, 궁금하면 언제든 연락해봐.
쥰	(사이) 고모. 아빠랑 엄마랑 이혼했을 때, 내가 왜 아빠랑 살겠다고 한지 알아?
마사코	왜 그랬니?
쥰	아빠는 나한테 무관심했거든. 엄마는 나한테 관심이 많았어. 그래서 나 때문에, 자기 자신을 비난하곤 했었어.

마사코, 쥰에게 아무런 대답도 해줄 수가 없다.
쥰의 사진을 보는 마사코

S#89

C#05

마사코 옆모습 B.S. / 준 정면 W.S.

마사코	(준 방향으로 돌아 앉아 준에게 사진을 보여주며) 이 사진… 네 엄마가 찍어준 거니?
준	아. 그건 윤희가 찍어준 거야.
마사코	(고개 끄덕이며 다시 사진을 본다) 윤희.
준	(사이) 요즘 꿈에 자꾸 윤희가 보이네.
마사코	(계속 사진을 보며) 무슨 꿈을 꿨니?
준	(무슨 생각인가를 하다가 살며시 미소 짓는다) 그냥, 같이 있어. 꿈속에서.
마사코	(무슨 생각인가를 하다가 준의 어린 시절 사진을 준에게 보이며) 이 시절의 윤희랑?
준	(사이) 응. (책장을 넘긴다)
마사코	사실, 윤희 딸이 여기에 왔어.
준	응?!
마사코	새봄.

C#06

준 옆모습 B.S. / 쿠지라

준	(놀라서 입이 벌어진다) 이름도 아는 거야? 왜 얘기 안 했어?
마사코	지금 하고 있잖니.
준	(책을 덮고 아예 내려놓으며) 그러니까, 윤희 딸이 여기 오타루에 왔다고? 걔가 여길 어떻게 와?
마사코	(사이) 그건 나도 모르지.
준	(마사코를 의심스럽다는 듯 보다가) 뭐야, 얘기 좀 더 해줘.
마사코	내일 너를 만나고 싶다던데?
준	(사이) 내일? 나를?
마사코	(고개 끄덕인다)
준	(어이없다는 듯 피식 웃으며) 신기한 애네.
마사코	(준을 그윽한 눈으로 보며) 귀엽게 생겼더라.
준	(사이) 지 엄마 어렸을 때 닮았으면 예쁘겠지. 항상 당당하고, 자신감이 넘치겠지.

C#07

마사코, 들고 있는 액자 사진을 본다.
액자 사진 속, 환하게 웃고 있는 준.

272

준과 마사코, 고양이 쿠지라는 가족이다. 셋은 같은 공간에서 일상적인 대화를 자연스럽게 나누고 있는 듯 보인다. 하지만 이 대화는 매우 중요한 대화이다. 마사코는 어린 시절 준의 사진을 보고 있다. 그 사진을 준의 어머니가 찍어준 사진이라고 오인해 준에게 "엄마 안 보고 싶니?"라고 묻는다. 그렇게 묻는 마사코에게 준은 자신이 왜 어린 시절 엄마가 아닌 아빠랑 살기로 결정했는지에 대해 말한다. 준은 이렇게 무거운 말을 마사코에게는 아무렇지 않게 툭툭 던진다. 가족이란 이런 것.

마사코는 준으로부터 윤희라는 이름을 가끔 들어봤을 것이다. 준이 마사코에게 윤희에 대해 자주 얘기하지 않았더라도 마사코는 준을 딸처럼 아끼기 때문에 윤희가 준에게 매우 중요한 사람이었다는 사실을 알고 있었을 것이다. 마사코처럼 지적이고 세심하고 특별한 감수성이 있는 사람이 아니더라도, 약간의 관찰력이 있는 사람이라면 윤희 얘기를 하는 준의 표정을 보고, '윤희'라는 존재에 대해 의문을 가졌을 것이다. 마사코는 준이 동성애자라는 사실도 알고 있을 것이고, 그래서 준이 써놓은 편지 봉투에서 '윤희'라는 이름을 봤을 때, 준을 위해 그 편지를 윤희에게 보내버린 것.

이날은 준이 료코를 만나고 온 날 밤이었다. 요즘 윤희에 대해 부쩍 생각하는 일이 잦아졌다. 준은 그런 복잡미묘한 심정을 마사코에게 무겁지 않게 털어놓고 싶은 것. 앞서 준의 편지를 통해 준이 윤희의 꿈을 꿨다는 것을 알았다. 그 꿈은 어떤 꿈일까? 준이 미소를 짓는 것으로 보아, 준은 행복한 꿈을 꾼 듯하다. 그런데 그 꿈은 어린 시절의 윤희와 '그냥 같이 있는' 꿈. 준의 꿈속에서 윤희는 여전히 나이를 먹지 않은 어린 시절의 윤희다. 윤희의 형체를 정확히 볼 수 없었더라도, 윤희라는 존재감을 느꼈을 것. 윤희와 같이 길을 걸었을 수도, 볼을 맞대었을 수도, 혹은 별것 아닌 사소한 대화를 나눴을 수도. 그 별것 아닌 일이 오로지 꿈에서만 가능한 것이기 때문에 준은 꿈에서 깨고 나면 불행해지고 마는 것이다.

마사코는 윤희의 딸이 오타루에 왔다며, 그 딸의 이름까지 알고 있다고 준에게 말해준다. 준은 마사코가 여러모로 의심스럽지만, 그냥 넘겨버린다. 마사코가 굳이 말을 하지 않겠다면 '사정이 있겠지'라며 굳이 캐묻지 않는 것.

S#91

C#01

마사코, 쥰 각자 자리에서 새봄을 본다. → 새봄 FR. In (뒷모습)

마사코와 쥰, 카페의 각자 자리에서 일어나며 새봄 쪽을 본다. 두 사람을 향해 고개 숙여 인사하는 새봄.

새봄 오하요고자이마스

C#02

쥰 O.S. 새봄 K.S.

마사코, 새봄을 향해 손을 흔들며 장난스럽게 인사하고, 쥰은 새봄을 빤히 본다. 마사코에게 한 손을 살짝 들어 보이고, 쥰을 보는 새봄.

마사코 코히?

새봄 하이. 코-히… 히토츠… 오네가이시마스…

S#91

C#03

마주 앉은 새봄, 준 F.S. Master

C#04

새봄 O.S. 준

C#05

준 O.S. 새봄

Cut to

준은 새봄에게서 눈을 뗄 수가 없고, 새봄은 준의 눈길이 부담스러워 피한다.

새봄 꼭 한번 뵙고 싶었어요. 엄마한테 아줌 마 얘기 많이 들었거든요.

준 (미소 지으며) 그래요?

새봄 아. 이번에 엄마는 같이 안 오셨어요. 저 혼자 친구랑 같이 왔어요.

준 (고개 끄덕이며) 네…

새봄 저… 혹시 실례가 안 된다면… 오늘 저 녁 여섯 시에 뭐 하세요? 저랑 같이 저 녁 드실래요?

준 (?) 저녁이요?

준, 새봄을 흥미롭다는 듯 본다. 준의 눈길을 계속 피하는 새봄.

S#91

마사코와 쥰을 만난 새봄, 쥰에게 같이 저녁을 먹자고 부탁한다

C#06

바 안쪽에 서서 새봄을 뚫어져라 보고 있다가
얼른 시선 피하는 마사코

C#07

쥰 얼굴 측면 C.U.
쥰, 새봄을 흥미롭다는 듯 본다.

C#08

새봄 얼굴 측면 C.U.
쥰의 눈길을 계속 피하는 새봄.

새봄	제가 여기에 대해서 너무 몰라서요… 엄마가 아줌마한테 가면, 막 여기 구경도 시켜주시고, 맛있는 것도 사주실 거라고… 꼭 가보라고 하셨거든요.
쥰	엄마가… 그랬어요?
새봄	(마사코를 힐끔 보고는) 네. 부탁드려도 될까요? 사실은 제가 같이 온 친구랑 싸우는 바람에 갑자기 혼자가 됐거든요… (쥰의 시선을 피하며) 제가 혼자 다니는 걸 잘 못해가지구요… 여행 마지막 날인데, 숙소에만 있자니 시간이 아깝기도 하고… (슬쩍 쥰을 보며) 멀리까지 왔는데…

S#92

C#01

카페 앞에 서서 윤희와 통화 중인 새봄 W.S. or K.S.
창 너머 새봄을 염탐하는 마사코.

새봄   엄마 어디야? 아… 숙소야? (사이) 나는
        밖이야. 응. (사이) 미안, 여행 마지막 날
        인데.

새봄, 카페 안쪽을 보면, 마사코가 창문 안쪽에 붙
어 서서 새봄을 염탐하고 있다가 급하게 시선을 돌
린다.

새봄   그럼 우리는… 이따 저녁 여섯 시쯤에
        운하 시계탑 앞에서 볼까? (사이) 응. 어
        딘지 알지?

S#98

C#01

새봄 W.S.

우체통 뒤에 숨어 고개를 내밀고 쥰을 지켜보는 새봄. 쥰의 시선이 새봄 쪽을 향하자 재빨리 몸을 숨긴다. W.S.

C#02

윤희, 쥰 F.S. → 윤희 FR. In

주위를 둘러보며 허겁지겁 쥰이 서 있는 방향으로 걸어오는 윤희. 쥰, 윤희를 보고 온몸이 굳어버린다. 윤희 역시 쥰을 힐끔 보며 그냥 지나치지만 얼마 후 놀라며 걸음을 멈춘다.

C#03

얼마간 그대로 가만히 서 있는 두 사람.

쥰   윤희니?

쥰의 말에 놀라는 윤희, 얼마간 그렇게 가만히 서 있다가, 무슨 각오라도 한 듯 뒤돌아서 쥰을 본다.

S#98

C#04

윤희 O.S. 쥰 W.S.

믿을 수 없다는 듯 윤희를 보는 쥰. 쥰을 보며 어색하게 미소 짓는 윤희. 한참 그렇게 가만히 서서 서로를 지켜본다.

C#05

쥰 O.S. 윤희 W.S.

C#06

제작팀

● 영화에서는 둘의 재회부터 나오지만, 원래는 새봄이가 지켜보고 있는 등의 설정
이 있었다. 갑작스레 재회가 이루어지는 것이 더 힘이 들어간다고 판단했다. 이날 오
타루에서 가장 추웠던 날이었는데 영화의 하이라이트 신이자, 가장 큰 세팅이 필요
했던 신이었기 때문에 미술팀. 제작팀. 연출팀 모두 모여서 노란 알전구를 심었다.
재회하는 다리부터 이어지는 다음 다리까지. 실제 오타루 조명은 푸른색이다. 낮에
지나다니는 관광객들이 알전구를 자꾸 켜봐서 계속 끄러 다녔던 기억이 난다.

S#100

C#01

Steady CAM 앞에서 따라가며
TOP 어느 정도 거리를 두고 말없이 보행로를 천천히 걷는 윤희, 쥰 앞모습 W.S.
MID 쥰, 멈춰서서 윤희를 본다. 덩달아 멈춰 쥰을 보는 윤희.
END 화면 윤희와 쥰에게서 멀어지면 고개를 떨구는 윤희. 계속 카메라 멀어진다. 어느 정도 멀어졌을 때 대사.

윤희와 쥰, 어느 정도의 거리를 두고, 말없이 보행로를 천천히 걷고 있다. 눈이 내리고 있다. 두 사람은 한참 동안 서로 대화를 하지 못하고, 시선을 마주치지 못한다. 누가 봐도 어색한 두 사람의 어색한 침묵.

쥰, 윤희를 보며 자꾸 무슨 말인가를 하려고 하는데 입이 떨어지질 않는다. 윤희는 굳은 얼굴로 쥰을 보지 못하고 걷고 있을 뿐이다. 윤희에게 몇 번 말을 걸기 위해 노력해보는 쥰, 얼마 후 답답한지 한숨을 내쉰다. 그 한숨 소리가 크게 들렸는지 윤희는 쥰을 힐끔 본다. 그렇게 계속 걷는 두 사람.

참을 수 없던 쥰이 먼저 멈춰 서서 윤희를 본다. 의아해하며 쥰의 옆에 멈춰 서는 윤희. 서로를 마주보게 되는 두 사람, 서로의 얼굴을 보며 가만히 서 있는다.

쥰   윤희야.
윤희   응.

사이.

쥰, 마사코 고모가 그랬던 것처럼 윤희를 향해 두 팔을 벌린다. 윤희, 의아해하며 쥰을 한참 보다가, 피식 웃는다. 그리고 어색하게 쥰을 안는다.

C#02

C#01과 동일한데 뒷모습
Steady CAM 뒤에서 따라가며
TOP 어느 정도 거리를 두고 말없이 보행로를 천천히
걷는 윤희, 쥰 뒷모습 W.S.
END 쥰, 멈춰서서 윤희를 본다. 덩달아 멈춰 쥰을 보는
윤희. 쥰, 윤희 옆모습, 대사.

쥰   오랜만이네.

윤희   그렇네.

지나치게 힘이 들어가 쥰의 어깨 위에서 떨리고 있
는 윤희의 손. 윤희의 어깨 위에 올라가 있는 쥰의
손가락 역시 떨리면서 조금씩 움직인다.
화면, 껴안고 있는 윤희와 쥰에게서 점점 멀어진다.
화면이 윤희와 쥰에게서 충분히 멀어졌을 때,

윤희   왜 이렇게 몸을 떨어.

쥰   너야말로?

눈이 계속해서 내리고… 그렇게 계속 껴안고 있는
윤희와 쥰.

화면은 그렇게 서 있는 두 사람을 한동안 보여주다
가 F.O

S#101

윤희, 새봄, 경수, 낮의 보름달을 바라본다

C#01

F.I.
TOP 멀리서 걸어오는 윤희, 새봄, 경수 L.S.
END 화면 가까이 다가와 하늘을 올려다보는 윤희 W.S.
덩달아 멈춰 서서 하늘을 보는 새봄, 경수 F.S.

C#02

하늘을 보는 윤희, 새봄, 경수 W.S.

C#03

낮의 보름달.

C#04

오타루 풍경 몽타주 INSERT (S#40)

C#01 102A

쥰, 료코, 이동장 측면 더 가까운 F.S. (얼굴이 보이는 방향)

동물병원 내부.

쥰과 료코, 나란히 쪼그려 앉아 의자 위의 이동장을 보고 있다.

료코	워루짱… 이제 선생님 그리워서 어떡해?
쥰	앞으로 아프지 마.
료코	(사이) 저… 쥰상.
쥰	네.
료코	혹시 워루짱이 보고 싶어지시면… 저희 집에 한번 놀러오세요.
쥰	(쑥스러워 료코를 보며 슬쩍 미소 짓는다)
료코	워루짱이 밖으로 나오긴 힘들 테니까…
쥰	(사이) 네, 그럴게요. 고마워요.

미요오… 미요… 이동장 안에서 들리는 고양이 워루의 울음소리.

쥰	(피식 웃으며) 워루 답답한가봐요… 얼른 가셔야겠어요.
료코	네, 그래야겠죠?

하지만 못내 아쉬워서 그대로 쪼그려 앉아 있는 료코

S#102

일본 / 준의 동물병원 / 밤

고양이 워루의 퇴원 / 동물병원을 나가는 료코, 인사하는 준

C#02 102B

동물병원 외부.

이동장을 들고 동물병원 문 열고 나와 창문 너머로 보이는 준을 향해 고개 숙여 인사하고 걸어가는 료코.

C#03 102B

동물병원 외부.

창문 너머 준, 미소 지으며 료코와 워루에게 손 흔들어 인사한다.

감독 노트

이 신에서 준은 드디어 워루를 퇴원시킨다. 료코는 워루가 아프다는 핑계로 준을 만날 수 있는 기회가 있었는데 앞으로는 어떻게 준을 만날 수 있을지 막막하다. 준은 회복이 되어 떠나는 워루와 료코를 보며 손 흔들어 인사한다. 이 인사는 슬프기만 한 인사는 아니다. 왜냐하면 준은 얼마든지 용기만 내면 료코와 워루를 보러 갈 수도 있기 때문이다. 준의 이 인사는 떠난 윤회를 향한 인사인 것처럼 보이기도 한다.

현장 이야기

제작팀

- 료코와 준의 마무리를 위한 신이었지만 아쉽게 삭제된 장면이었다.

연출팀

- 준은 진찰할 때나 편지 쓸 때, 책을 읽을 때 안경을 쓴다는 설정. 료코가 머리를 가지런히 묶고 톤다운된 옷을 입은 것은, 준에게 고백을 한 뒤 마음 아파했던 일로 료코가 성장하게 된 것을 의미하고자 했다.

S#103

눈 내리는 동네 길을 걷고 있는 마사코와 쥰, 밤하늘에 보름달이 떠 있다

C#01

밤하늘에 떠 있는 선명하고 완전한 보름달.

C#02

TOP 마사코 W.S. 쥰 K.S.
END 멀어지는 두 사람 뒷모습

TOP 하늘을 홀린 듯 올려다보며 멈춰 서 있는 마사코의 뒷모습과 마사코의 앞쪽에서 뒤돌아 마사코를 보고 있는 쥰.

쥰   뭐 해, 고모
마사코   (사이) 응.

END 마사코, 그제야 정신을 차리고 쥰의 옆으로 걸어간다. 나란히 걷는 마사코와 쥰, 화면에서 점점 멀어진다.

쥰   눈이 언제쯤 그치려나…

화면은 그대로 오래 머물러 있다가 F.O

윤희 목소리 쥰에게.

감독 노트

이 영화는 달이 차오르는 과정을 그리고 있는 영화이기도 하다. 달이 완전하게 찬 것은 윤희와 쥰이 새로운 삶을 시작할 수 있다는 징조이기도 하다. 쥰은 윤희와 재회했다. 그 재회를 통해 비로소 쥰은 상처와 고통뿐이었던 자신의 과거와 마주하고, 이제 새로 시작할 수 있게 된 것이다. 쥰은 마사코와 함께 집으로 가는 길에 "눈이 언제쯤 그치려나"라고 말한다. 이 말은 마사코가 눈이 그치려면 멀었다는 것을 알고 있음에도 막막할 때 습관처럼 하는 말이다. 앞으로 살아가야 할 날이 막막한 쥰은 마사코의 말을 따라한다. 이제 쥰은 막막할 때 그런 의미 없는 말이라도 하면서 살아갈 수밖에 없다는 것을 알고 있다. 쥰은 어른이 되어가고 있다.

윤희와 준의 재회 장면을 마지막으로 모든 촬영이 끝난 나카무라 유코 배우. 마지막 소회를 밝히며 눈물을
훔치던 배우의 모습이 기억에 남는다.

준과 마사코가 함께 걷는 장면을 마지막으로 모든 촬영이 끝난 키노 하나 배우. 한국 영화인들의 열정이
놀라웠고, 따뜻함에 늘 고마웠다며 진심으로 행복한 촬영이었다는 마지막 말을 전했다.

S#104

C#01

F.I.
새봄, 교실 L.S. Master (S#06 C#01 동일)

겨울볕이 선명하게 들어오는 교실. 책상에 앉은 새봄. 오르골 돌려서 작동시킨다.

윤희 목소리 잘 지내니? 네 편지를 받자마자 너한테 답장을 쓰는 거야. 나는 너처럼 글재주가 좋지 않아서 걱정이지만. 먼저, 멀리서라도 아버님의 명복을 빌게.

새봄, 경수 대사 이후 새봄 FR. Out → 텅 빈 교실

C#02

칠판 INSERT

졸업을 기념하는 낙서가 어지럽게 적힌 칠판 INSERT

C#03

TOP 오르골 들고 있는 새봄 M.S.
뒷문 열고 고개 내미는 경수
경수 FR. Out → 새봄 FR. Out
END 텅 빈 교실

경수가 교실 문을 열고 고개를 내민다.

경수   뭐 해. 어머님 오셨어.
새봄   (경수를 보며 배시시 웃는다)
경수   빨리 나와, 사진 찍게.

먼저 가버리는 경수. 책상에 앉아 교실을 둘러보는 새봄, 자리에서 일어나 교실 밖으로 나간다. 화면은 텅 빈 교실에 남아 있다.

윤희 목소리 나는 네 편지가 전혀 부담스럽지 않았어. 나 역시 네 생각이 났고, 네 소식이 궁금했어.

S#105

C#01 105A

강당 졸업스케치

졸업식 풍경 INSERT (실제 고등학교 졸업식 촬영)

C#02 105B

어색하게 미소 지으며 화면 응시하는 새봄, 경수 정면 W.S.
Master (배경: 학교)

새봄, 경수 어색하게 미소 지으며 화면을 응시한다.
윤희, 새봄의 카메라를 새봄과 경수를 향해 든다.
플래시!

경수   어머님! 저희 이 카메라로도 한번 찍어
        주세요.

윤희   그래.

경수, 자기 목에 걸고 있던 카메라를 윤희에게 건네
주고, 얼른 다시 새봄의 옆으로 가서 선다. 한 손엔
새봄의 카메라를, 한 손엔 경수의 카메라를 드는 윤
희, 새봄과 경수를 보며 미소 짓는다.

C#03 105B

윤희, 새봄, 경수 측면. 카메라를 윤희에게 건네는 경수 F.S.
Master (배경: 계단)

윤희   손 이쪽으로 흔들어볼래?

새봄과 경수, 각각 장갑을 끼고 있는 한쪽 손을 들
어 화면을 향해 흔든다. 두 손에 각각 들고 있는 새
봄과 경수의 카메라를 새봄과 경수를 향해 겨누는
윤희, 두 카메라의 셔터를 동시에 누른다.

윤희 목소리 너와 만났던 시절에 나는 진정한 행복
        감을 느꼈어. 그렇게 충만했던 시절은
        또 오지 못할 거야. 모든 게 믿을 수 없
        을 만큼 오래전 일이 돼버렸네?

C#04 105B

윤희 정면 W.S. Master (배경: 운동장)

한 번 더 찍어달라고 칭얼대는 새봄과 경수.
다시 새봄과 경수를 찍는 윤희.

C#01

윤희, 인호 측면 R.Dolly F.S.
→ 어느 정도의 거리를 두고 걷는 윤희, 인호. 윤희가 앞장섰다.
→ 주머니에서 뭔가를 꺼내는 인호. 윤희 FR. Out
→ 인호, 윤희 부르면 윤희 FR. In
→ 마주 선 두 사람.

인호   윤희야.

윤희, 얼마 후 인호의 앞으로 되돌아 걸어온다.
마주 보게 되는 두 사람. 주머니에서 꺼낸 것을 윤희에게 건네는 인호.

인호   너한테 제일 먼저 알리는 거야. 그래야 될 것 같아서.

윤희, 인호가 건넨 것을 받는다.
결혼식 청첩장.
청첩장에서 눈을 떼지 않는 윤희.

C#02

결혼식 청첩장 C.U.

"박인호와 이은영의 결혼식에 초대합니다."

S#108

C#03

윤희 O.S. 인호

C#04

인호 O.S. 윤희

윤희	우와…
인호	(사이)
윤희	축하해, 당신… 정말 잘됐다!
인호	(사이) 응. 괜찮니?
윤희	고마워, 알려줘서…
인호	(끄덕이며) 새봄이한테는 아직 알리지 마. 내가 직접 말할 테니까.
윤희	응. (사이) 행복해, 꼭.

인호, 윤희의 행복하란 말에 울컥한다. 참으려고 해보지만 터지는 눈물. 고개를 숙여버리는 인호.

윤희	(사이) 이은영. 이름 예쁘다… 이런 이름이었구나.
인호	응.
윤희	혹시 연상이야?
인호	응.
윤희	좋아 보이신다. 사랑이 많으실 것 같아.
인호	응.
윤희	정말 잘됐다… 정말. (인호에게서 답이 없자, 인호를 흘끔 보고는) 왜 울어… 좋은 소식 전하면서…
인호	미안해. (울먹이며) 너도 행복할 수 있지?
윤희	(끄덕인다) 응. 그만 울어…

S#108

C#05

인호의 옆으로 가서 인호를 토닥여주는 윤희 F.S.
(C#01과 동일)

윤희 목소리 나 그 사람이랑 이혼했어. 우습게도, 그
사람이랑 이혼하던 날 가장 먼저 떠올
랐던 사람이 너였어. 그래, 네 말대로 우
리는 이십 년째 매칭한 제하고 있있던
걸지도 몰라. 그게 서로를 위하는 거라
고 생각했던 거야.

현장 이야기

연출팀

● 이때 유재명 배우의 연기는 정말 '열연'이였다. 우는 장면에서 기계처럼 눈물을 흘
려서 다들 놀랐던 기억이 난다.

● '은영은 사랑이 많은 사람'이라는 설정이 청첩장에서도 표현되기를 바랐다. 그래
서 은영과 인호의 그림을 넣은 청첩장을 준비했다. 왠지 사랑이 많은 은영은 그렇게
했을 것 같다고.

S#109

한국 / 윤희와 새봄의 아파트 내부 / 부엌 / 낮

알밥을 만드는 윤희

C#01

알밥 조리 과정

C#02

윤희, 새봄, 경수 F.S.

C#03

윤희 뒷모습
→ 몸을 돌려 알밥 들고 새봄, 경수에게 간다.

Cut to

식탁에 앉아 있는 새봄과 경수. 경수의 앞에는 이미 뚝배기에 담긴 알밥이 놓여 있다.

윤희, 지글지글 끓는 뚝배기 알밥을 들고 와서 새봄의 앞에 놓고, 새봄과 경수의 맞은편에 앉는다.

입을 벌리고 알밥을 한동안 쳐다보는 새봄.

새봄	코닥의 색이다. 아름다워.
윤희	뭐 해, 얼른 비벼서 먹어.
새봄	(알밥에서 눈을 떼지 않고) 엄마는?
윤희	엄마는 아까 먹었어. 경수 빨리 먹어. 뜨거울 때 먹어야 맛있어.
새봄	(알밥에 고정돼 있는 시선) 진짜지?
경수	(더 이상 못 참겠다는 듯) 제가 참을성이 없어서… 먼저 비비겠습니다!

수저를 들고 알밥을 비비기 시작하는 경수.
덩달아 수저를 들고 알밥을 비비기 시작하는 새봄.
윤희는 그런 경수와 새봄을 흐뭇하게 본다.

C#01

새봄의 여행 사진들, 한 장 한 장 넘기는 손 C.U.

C#02

소파 앞 바닥에 앉아서 사진 넘겨보는 새봄, 경수
→ 윤희 FR. In

새봄	(사진들을 넘기다 말고 멈춰서, 어떤 사진을 보자마자) 엄마! 잠깐만 와봐! 이 사진 좀 봐봐!
윤희	(부엌에서) 뭔데.
새봄	아 잠깐만!

C#03

윤희, 새봄과 경수의 뒤쪽으로 와서 사진을 보며 소파에 앉는다. 뒤쪽의 윤희에게 사진을 보여주는 새봄.

경수	어머님, 와… 멋지세요…
윤희	(계속 자기 사진을 보며) 그렇니?
새봄	야. 니네 엄마 아니라고 막말하지 마. (사이) 아니 어떻게 된 게 엄마 웃는 얼굴 나온 사진이 한 장도 없냐.

새봄, 경수 O.S. 윤희 담배 피우는 사진

C#01

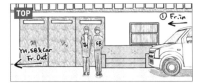

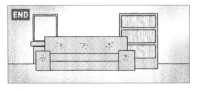

Dolly In
TOP 윤희, 새봄 박스 들고 서 있다.
MID 봉고차는 윤희, 새봄 앞에 선다.
END 차 빠지면 버려진 가구들.

아파트 한쪽에 폐기물 스티커가 붙은 채로 버려진
윤희와 새봄의 가구들. 윤희와 새봄, 아파트 주차장
쪽에 서 있다.
윤희는 박스 하나를 들고 있다.

윤희 목소리 줌아. 나는 나한테 주어진 여분의 삶이,
벌이라고 생각했어. 그래서 그동안 스스로에게 벌
을 주면서 살았던 것 같아.

이삿짐이 실려 있는 봉고차가 윤희와 새봄의 앞으
로 와서 멈춰 선다. 윤희와 새봄이 올라타면, 출발
하는 이삿짐 차.

연출팀

- 이때 버려지는 가구들에 대해서는 감독이 직접 선택했다. '인호와 같이 썼던 물건은 버리고 간다'는 원칙 아래에 버려진. 매트리스나 식탁, 의자, 수납장 등.

제작팀

- 아파트 촬영의 마지막 날이었다. 통제하고 있는데 한 분이 진짜 버리고 가는 물건인 줄 알고 가져가도 되냐고 물어보셨다. 소품이라 안 된다고 하고 다시 넣어놓았다. 감독 전작에 이 장면과도 비슷한 장면이 나온다. 비교해보면 재미있을 것 같다.

S#112

한국 / 읍내도로 / 낮

시골 국도를 달리고 있는 이삿짐 차

C#01

창문 밖에서 윤희와 새봄 (레커)

미소 지으며 차창 밖을 보고 있는 윤희의 얼굴.

C#02

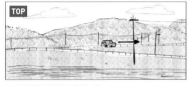

TOP 직선도로로 쭉 나아가는 차

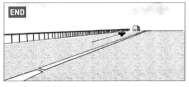

END R.PAN 멀어지는 차

시골 국도를 달리고 있는 이삿짐 차.

윤희 목소리 너는 네가 부끄럽지 않다고 했지?
　　　　　나도 더 이상 내가 부끄럽지 않았으면
　　　　　좋겠어. 그래, 우리는 잘못한 게 없으니
　　　　　까.

이삿짐 차가 계속 앞으로 나아간다.

S#113

C#01

이력서 E.C.U.
학력란에 '고졸'이라고 적는 윤희.

C#02

TOP 이력서 쓰는 윤희 측면 (배경: 창문)

END 윤희 뒤로 새봄, 새봄 친구들 지나가고 윤희 앞에 앉는
새봄

유리벽 너머로 머리를 녹색으로 염색한 새봄과 여
대 과 잠바를 입은 학생 두 명이 지나간다. 친구들
과 인사하고는 카페 안으로 들어와 윤희의 맞은편
으로 와서 앉는 새봄.

윤희	응, 왔니?
새봄	응. (윤희의 이력서를 훔쳐보려 하며) 이력서 쓰고 있어?
윤희	(이력서를 가린다)
새봄	(헛웃음 내뱉으며) 알았어, 치사해서 안 봐.
윤희	(다시 이력서 쓰는 데 열중한다) 엄마 여기서 돈도 벌고 일도 배워서, 나중에 작게 식당 차릴 거야.
새봄	식당?!
윤희	응. 너한테 처음 얘기하는 거야.
새봄	와… 언제 그런 생각을 했대? 엄마, 엄마랑 진짜 잘 어울려. 진짜 잘할 것 같애.
윤희	아직 멀었어.
새봄	와… 엄마 식당 차렸으면 좋겠다… 엄마, 알밥집 해.

S#113

C#03

카페 외부 F.S.

윤희 목소리 마지막으로 내 딸 얘기를 해줄게. 이름
은 새봄. 이제 곧 대학생이 돼. 대학생이
라니, 대단하지 않니? 나는 새봄이를 더
배울 게 없을 때까지, 스스로 그만 배우
겠다고 할 때까지 배우게 할 작정이야.

현장 이야기

제작팀

● 이 카페는 임대형 감독 집 근처. 각본 작업할 때 자주 갔던 카페라고. 카페 주인이 사람들이 잘 안 오는 시간대에 감독이 자주 와 작업을 하는 걸 보고 공무원이나 시험 준비하는 분인 줄 알았다고. 나중에 영화 감독인 걸 알고 반가워하시며 쉽게 공간을 내어주셨다. 카페에서 창문 밖으로 보이는 풀과 화분도 푸릇푸릇한 봄의 느낌을 내려고 세팅한 것.

연출팀

● 새봄 친구들은 이스터에그(영화 속에 감독이나 제작자가 몰래 숨겨놓은 것). 한 명은 스토리보드 작가, 한 명은 줌 어린 시절 역할의 오진주 배우였다. 발견한 사람이 있었을까.

● 새봄의 대학교는 이화여대로 설정하려고 했으나 대학 측에서 허가를 받지 못했다. 새봄이가 철학과를 갔을 거라는 설정도 있었다. 신입생이 된 새봄의 외적 변화(초록색 브릿지를 넣는 등)는 이제 막 청소년을 벗어난 그 나이 또래 아이들의 귀엽고 재미있는 모습을 보여주기 위한 설정이었다.

이 력 서

<table>
<tr>
<td rowspan="3">사 진
(실제 S#107
사진관에서 촬영)</td>
<td rowspan="2">성 명</td>
<td colspan="2" align="center">한 글</td>
<td colspan="2" align="center">한 자</td>
</tr>
<tr>
<td colspan="2" align="center">최윤희</td>
<td colspan="2" align="center">崔尹熙</td>
</tr>
<tr>
<td>생년월일</td>
<td colspan="4" align="center">1975년 4월 17일생 (만 44세)</td>
</tr>
<tr>
<td></td>
<td>연락처/휴대폰</td>
<td colspan="4" align="center">010-3348-4982</td>
</tr>
<tr>
<td>현 주 소</td>
<td colspan="5">서울특별시 강림구 대화산로 68 오성빌라 404호</td>
</tr>
<tr>
<td>E-mail</td>
<td colspan="2">yunhe75@ai.com</td>
<td>결혼유무</td>
<td colspan="2">이혼</td>
</tr>
<tr>
<td rowspan="2">가족관계</td>
<td>관계</td>
<td>성명</td>
<td>연령</td>
<td colspan="2">현재직업</td>
</tr>
<tr>
<td>자녀</td>
<td>박새봄</td>
<td>20</td>
<td colspan="2">대학생</td>
</tr>
<tr>
<td rowspan="2">최종학력</td>
<td colspan="2">학교명</td>
<td>졸업 여부</td>
<td colspan="2">기간</td>
</tr>
<tr>
<td colspan="2">우수고등학교</td>
<td>졸업</td>
<td colspan="2">1991.3~1994.2</td>
</tr>
</table>

<table>
<tr>
<td>년</td>
<td>월</td>
<td>경력 및 자격사항</td>
</tr>
<tr>
<td>2006</td>
<td>5</td>
<td>㈜ 주성 반도체 조립부분</td>
</tr>
<tr>
<td>2009</td>
<td>7</td>
<td>충남초등학교 급식실 조리부분</td>
</tr>
<tr>
<td>2010</td>
<td>3</td>
<td>㈜ 손정식품 검수부분</td>
</tr>
<tr>
<td>2012</td>
<td>12</td>
<td>㈜ 태성제일푸드 제조부분</td>
</tr>
<tr>
<td>2013</td>
<td>7</td>
<td>김이랑 떡이랑 충남점</td>
</tr>
<tr>
<td>2015</td>
<td>9</td>
<td>충남북중학교 급식실 조리부분</td>
</tr>
<tr>
<td>2016</td>
<td>10</td>
<td>㈜ 비오하이테크 충남공장 구내식당 조리부분</td>
</tr>
<tr>
<td>2018</td>
<td>9</td>
<td>㈜ 코어 구내식당 조리부분</td>
</tr>
<tr>
<td></td>
<td></td>
<td></td>
</tr>
</table>

위의 기재한 내용은 사실과 다름이 없습니다.

2019년 3월 21일   작성자 **최윤희**   (인)

윤희의 이력서는 연출진이 사전에 소품으로 제작한 것. 빼곡히 적힌 경력 사항을 보면, 오직 새봄에 대한 책임감 때문에 버티고 있던 윤희의 삶이 어땠는지 짐작해볼 수 있다.

S#114

C#01

TOP 윤희 앞모습, 새봄 뒤 따라오며 여기저기 사진 찍는다.
새봄, 엄마! 부르면

END 돌아보는 윤희

한옥으로 된 식당들이 밀집해 있는 골목. 윤희, 폰으로 지도를 보며 골목을 두리번거리며 걷고 있다. 딱딱한 미소 속에 보이는 긴장. 윤희의 뒤로 새봄이 윤희를 천천히 따르고 있다.

윤희 목소리 편지에 너희 집 주소가 적혀 있긴 하지만, 너한테 이 편지를 부칠 수 있을지는 모르겠다. 나한테 그런 용기가 있다면 얼마나 좋을까? 이만 줄여야겠어. 딸이 집에 올 시간이거든. 언젠가 내 딸한테 네 얘기를 할 수 있을까?

식당을 발견하고 걸음을 멈추는 윤희, 어깨를 펴고, 호흡을 고른다.

윤희 목소리 용기를 내고 싶어. 나도 용기를 낼 수 있을 거야.

S#114

이력서를 들고 두리번거리며 걷고 있는 윤희, 그런 윤희 얼굴을 카메라로 찍는 새봄

C#02

카메라를 들어 윤희를 향해 드는 새봄 정면 W.S.

C#03

돌아보는 윤희 W.S.

윤희의 뒤에서 장난스러운 얼굴로 목에 걸고 있는 카메라를 손에 집어드는 새봄, 카메라를 윤희를 향해 든다.

새봄	엄마!
윤희	응? (새봄을 본다)
새봄	그 집이야?
윤희	그런 것 같은데?
새봄	긴장돼?

새봄을 보며 고개를 끄덕이는 윤희. 블랙 아웃.

윤희 목소리 추신. 나도 네 꿈을 꿔.

윤희의 말이 끝나자마자 음악 오른다. 끝.

이 영화를
만든 사람들

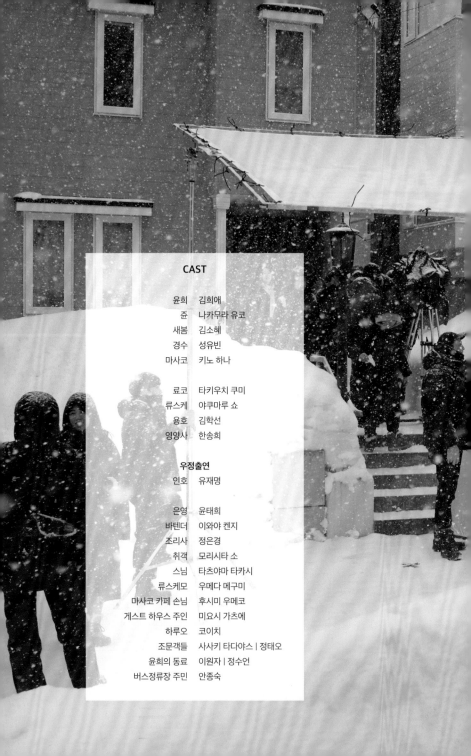

CAST

윤희	김희애
쥰	나카무라 유코
새봄	김소혜
경수	성유빈
마사코	키노 하나
료코	타키우치 쿠미
류스케	야쿠마루 쇼
용호	김학선
영양사	한송희

우정출연

인호	유재명
은영	윤태희
바텐더	이와야 켄지
조리사	정은경
취객	모리시타 소
스님	타츠야마 타카시
류스케모	우메다 메구미
마사코 카페 손님	후시미 우메코
게스트 하우스 주인	미요시 가츠에
하루오	코이치
조문객들	사사키 타다야스 | 정태오
윤희의 동료	이원자 | 정수언
버스정류장 주민	안종숙

STAFF

제작	박두희
각본/감독	임대형
프로듀서	고경란
촬영	문명환
조명	문일호
미술	김진영 | 후쿠시마 나오카
동시녹음	서지훈
의상	최의영(영필름) | 하마베 미사키
분장/헤어	계선미 | 카자마 케이코
편집	박세영
음악	김해원
사운드	이성진(웨이브랩)
시각효과	서두형(스튜디오 매크로그래프)
색 보정	최진숙(CJ POWERCAST)

제작

제작실장	타나베 마사키
Assistant Producer	타무라 나츠미 | 미노우라 마야
제작부장	봉수지 | 시노자키 타이스케
	마츠쿠라 카즈야
제작부	김벼리 | 카사하라 미나코
	송기영 | 세키구치 치카
제작회계	이윤주

연출

조감독	김민준 | 세키네 준
인물조감독	나상진 | 우시오 후미야
연출팀	김진아 | 전진용
스크립터	하지혜
현장편집	박세영
스토리보드	박지수

촬영

촬영팀	최영기
	나태웅
	유상현
	장필립
	전성우
데이터매니저	박선주

그립

그립실장	김동령
그립팀	정문기

조명

조명팀	권혁구
	박천일
	염재혁
일본 조명지원	최정현
	김효림
	민준희
한국 조명지원	전거빈 | 안정찬
도움주신 분들	이동주 | 이형중 | 류시문
	이수남 | 박천수

녹음

붐오퍼레이터	김채현
녹음지원	전영환 | 김미미 | 윤찬헌

미술

미술팀장	유경애 | 야마다 신타로
미술팀	김슬기 | 타마다 유코
	조휘
소품	토쿠다 아유미

세트

세트	아트라인
세트시공	김학현
	송민섭

의상

의상팀장	최성미
의상팀	이다연

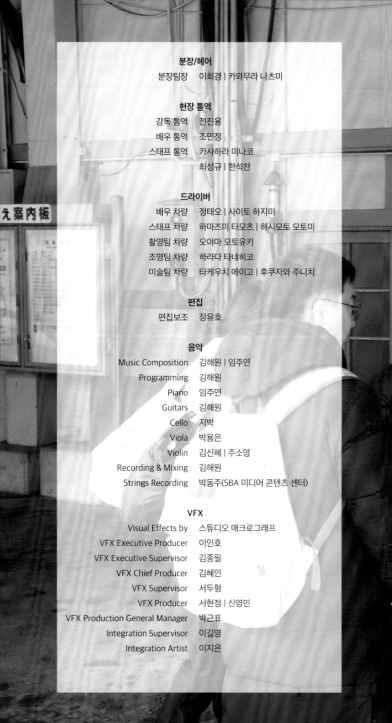

분장/헤어
분장팀장   이희경 | 카와무라 나츠미

현장 통역
감독 통역   전진용
배우 통역   조민정
스태프 통역   카사하라 미나코

    최성규 | 한석찬

드라이버
배우 차량   정태오 | 사이토 하지미
스태프 차량   하마즈미 타모츠 | 하시모토 모토미
촬영팀 차량   오야마 모토유키
조명팀 차량   하라다 타네히코
미술팀 차량   타케우치 에이고 | 후쿠자와 주니치

편집
편집보조   장유호

음악
Music Composition   김해원 | 임주연
Programming   김해원
Piano   임주연
Guitars   김해원
Cello   지박
Viola   박용은
Violin   김신혜 | 주소영
Recording & Mixing   김해원
Strings Recording   박동주(SBA 미디어 콘텐츠 센터)

VFX
Visual Effects by   스튜디오 매크로그래프
VFX Executive Producer   이인호
VFX Executive Supervisor   김종필
VFX Chief Producer   김혜인
VFX Supervisor   서두형
VFX Producer   서현정 | 신영민
VFX Production General Manager   박근표
Integration Supervisor   이길영
Integration Artist   이지은

Matte Painting Supervisor	유해미
Matte Painting Artist	박희수 | 구민희 | 모슬기
Compositing Supervisor	이은영
Compositing Artist	조혜령 | 우천규 | 안영훈
	신지수 | 손민지 | 송영은
	김세종 | 김대현
Compositing TD	정한길

사운드

Audio Post Production	웨이브랩
Supervising Sound Editor	이성진
Re-recording Mixer	이성진 | 한명환
Sound Coordinator	송윤재
ADR Record/Edit	정지영
Sound Design	정지영
Sound Effect Edit	박지혁
Foley Recordist	이승철
Foley Artist	양연호

Digital Intermediate

Digital Intermediate Provided by	CJ POWERCAST
Executive Producer	현상필 | 장정수
Team Manager	소지호
Digital Colorist	최진숙
Color Assistant	안진우
Digital Cinema	최인선
DI Producer	지연주
Associate Colorist	이혜민 | 김승원
	이승훈 | 장동원

영어 번역

시나리오 번역	신빛나리
번역 감수	한동균

일어 번역

시나리오 번역	김영희
번역 감수	오바라 신지 | 조민정
윤색	전진웅 | 카사하라 미나코

추신.

한 편의 영화가 세상 밖으로 나오기까지 험난한 고난의 과정을 거친다는 것은 우리 모두 알고 있습니다. 하지만 그 고난의 과정을 감독 혼자 통과하지 않는다는 것은 알면서도 간과하기 쉽습니다. 새삼스럽지만, 영화 〈윤희에게〉는 뜻을 모아주신 스태프 여러분이 있었기에 존재할 수 있었습니다. 이 지면을 빌려 악조건 속에서 함께 영화를 만들어주신 스태프 여러분께 진심으로 감사드립니다. 할 수만 있다면 더 많은 지면을 할애하여 한 분 한 분의 이름을 언급하면서 저마다의 공로를 치하해드리고 싶은 심정입니다. 이 책이 특별하다면, 그 이유는 스태프의 목소리를 반영하고 있기 때문일 것입니다.

이 책을 제작하는 과정에서 특별히 애쓰신 영화사 달리기의 박두희 대표님, 출판사 클의 김경태 대표님, 전민영 과장님, 남슬기 편집자님께 감사드립니다. 메이킹북 제작을 위한 회의에 기꺼이 참여해주신 연출진 김민준님, 나상진님, 김진아님, 스크립터 하지혜님, 제작진 김벼리님, 카사하라 미나코님, 송기영님, 고경란 프로듀서님께도 감사드립니다.

〈윤희에게〉에 성원을 보내주신 관객 여러분 덕분에 각본집에 이어 메이킹북까지 출간할 수 있었습니다. 감사드립니다.

임대형

살다보면 그럴 때가 있지 않니?
뭐든 더 이상 참을 수 없어질 때가.